2021 APEC 农业合作报告

◎ 刘春晖 于金宽 李 茜 何英彬 安兴奎 等 著

中国农业科学技术出版社

图书在版编目（CIP）数据

2021APEC农业合作报告／刘春晖等著. --北京：中国农业科学技术出版社，2021.11

ISBN 978-7-5116-5539-4

Ⅰ.①2… Ⅱ.①刘… Ⅲ.①亚太经济合作组织-农业合作-研究报告-2021 Ⅳ.①F116②F330.31

中国版本图书馆CIP数据核字（2021）第211848号

责任编辑	李冠桥
责任校对	马广洋
责任印制	姜义伟　王思文

出 版 者	中国农业科学技术出版社 北京市中关村南大街12号　邮编：100081
电　　话	（010）82109705（编辑室）　（010）82109704（发行部） （010）82109709（读者服务部）
传　　真	（010）82106625
网　　址	http：//www.castp.cn
经 销 者	各地新华书店
印 刷 者	北京建宏印刷有限公司
开　　本	170 mm×240 mm　1/16
印　　张	10.5
字　　数	200千字
版　　次	2021年11月第1版　2021年11月第1次印刷
定　　价	99.00元

版权所有·翻印必究

前　言

2021年，新冠肺炎疫情加速了既有的经济模式转型。亚太经济合作组织（Asia-Pacific Economic Cooperation，APEC，简称亚太经合组织）地区复苏为全球经济增长发挥了领导作用，该组织倡导的"共同参与、共同行动、共同增长"有效地应对了疫情所带来的挑战。

2021年对于APEC农业合作是非常重要的一年，首先召开了第七届粮食安全部长级会议并发布了宣言；其次，《亚太经合组织面向2030年粮食安全路线图》达成一致，成为引领未来10年APEC地区粮食安全合作的纲领性文件。为了进一步推进APEC地区粮食安全合作，著者认为有必要进一步梳理并整合当前APEC地区农业发展与合作、粮食安全与保障等新情况、新问题和新举措，基于大量调查研究、文献查阅和相关报道完成此报告，以期为APEC地区农业合作研究及政策制定提供参考。

本书重点梳理了目前APEC地区农业合作面临的焦点问题，介绍了2021年APEC农业合作重要活动。本报告共分为七章，第一章主要介绍了2021年APEC合作重点领域，由刘春晖、李冠桥和张文博完成；第二章重点介绍了RCEP的有关情况及其与APEC的关联，由刘春晖、李冠桥、安兴奎完成；第三章详细地介绍了APEC地区智慧农业的发展情况，由李茜、查燕、何英彬完成；第四章详细介绍了APEC海洋渔业合作路线图及APEC渔业合作情况，由李茜、刘春晖、安兴奎完成；第五章是阐述《亚太经合组织面向2020年粮食安全路线图》盘点的情况，由刘春晖、何英彬完成；第六章介绍了《亚太经济合作组织面向2030年粮食安全路线图》制定的情况，由刘春晖、何英彬、罗善军完成；第七章是对中澳农产品贸易现状及贸易增长因素分析，由于金宽、刘春晖、李冠桥完成，附录罗列了《亚太经合组织面向2030年粮食安全路线图》，由吴秀英负责完成。全书由刘春晖、何英彬统稿、修改、定稿。

本书在写作过程中得到了农业农村部国际合作司国际处徐玉波处长和贾芫凯的大力支持，同时得到了诸多学者（如天津工业大学蔡为民教授、中国农业科学院农业环境与可持续发展研究所秦晓波研究员、西北农林科技大学何建强教授等）的指导。此外，还有一些老师与学生参与了资料收集和部分撰写工作，在此一并表示衷心的感谢！

由于著者水平和写作时间有限，内容的完整性、系统性和准确性可能不尽如人意，书中也难免有疏漏之处，在此著者恳请各位学者、同行和广大读者给予批评指正。

著　者

2021 年 9 月于北京

目　　录

第一章　2021年APEC合作重点领域 …………………………… (1)
- 第一节　政策重点 ……………………………………………… (1)
- 第二节　新冠肺炎疫情后经济复苏 …………………………… (2)
- 参考文献 ………………………………………………………… (11)

第二章　APEC与RCEP ……………………………………… (13)
- 第一节　RCEP概述 …………………………………………… (13)
- 第二节　RCEP历史起源与大事记 …………………………… (14)
- 第三节　APEC与RCEP的关联 ……………………………… (17)
- 第四节　RCEP签署的影响和意义 …………………………… (18)
- 第五节　RCEP给中国的发展带来的机遇及挑战 …………… (26)
- 参考文献 ………………………………………………………… (27)

第三章　APEC智慧农业 ……………………………………… (30)
- 第一节　智慧农业的内涵 ……………………………………… (30)
- 第二节　典型农业发达经济体智慧农业发展模式 …………… (32)
- 第三节　智慧农业发展的共性分析 …………………………… (42)
- 第四节　中国智慧农业发展历程和现状 ……………………… (44)
- 第五节　促进智慧农业发展的建议 …………………………… (49)
- 参考文献 ………………………………………………………… (53)

第四章　APEC海洋渔业合作路线图 ………………………… (54)
- 第一节　海洋渔业合作背景 …………………………………… (54)
- 第二节　世界各国各地区海洋渔业资源概况 ………………… (55)
- 第三节　海洋渔业合作的必要性与瓶颈 ……………………… (57)
- 第四节　海洋渔业合作形式及优缺点 ………………………… (60)
- 第五节　APEC海洋渔业合作的建议和对策 ………………… (63)
- 第六节　APEC经济体渔业合作前景分析 …………………… (65)

参考文献……………………………………………………………（71）
第五章　《亚太经合组织面向2020年粮食安全路线图》盘点…（73）
　　第一节　《亚太经合组织面向2020年粮食安全路线图》盘点方法………（74）
　　第二节　《亚太经合组织面向2020年粮食安全路线图》盘点结果………（75）
　　第三节　新冠肺炎疫情对亚太地区粮食安全的影响……………………（94）
　　参考文献……………………………………………………………（97）
第六章　《亚太经合组织面向2030年粮食安全路线图》制定…（98）
　　第一节　亚太经济合作组织粮食系统概要………………………………（99）
　　第二节　《2021—2030年APEC粮食安全路线图》总体框架…………（99）
　　第三节　《2021—2030年APEC粮食安全路线图》职责规范…………（102）
　　参考文献……………………………………………………………（103）
第七章　中澳农产品贸易现状及贸易增长因素分析……………（104）
　　第一节　中澳农产品贸易现状……………………………………………（105）
　　第二节　中澳农产品贸易关系分析………………………………………（112）
　　第三节　中澳农产品贸易增长因素实证分析……………………………（139）
　　第四节　结论与政策建议…………………………………………………（148）
　　参考文献……………………………………………………………（153）
附录　《亚太经合组织面向2030年粮食安全路线图》…………（155）

第一章　2021年APEC合作重点领域

第一节　政策重点

2020年，新冠肺炎疫情席卷全球，亚太经济合作组织（APEC）地区的经济活动大幅缩减，导致约1.8万亿美元的经济损失。虽然2021年亚太地区经济有所反弹，但何时能恢复到2019年的经济增长水平尚不确定。在新冠肺炎疫情造成前所未有的健康和经济危机之后，2021年是一个可以重新加快经济增长、制定经济复苏计划的机会年份，同样对各APEC经济体而言，也亟须携手合作、交流分享、恢复经济增长。

经济复苏的实现在很大程度上取决于亚太地区政策实施的有效性。新冠肺炎疫情加速了现有经济转型的趋势，给各APEC经济体带来了重大挑战，虽然各经济体数字化和自动化程度有所提高，但不均衡性却不断加剧，小型企业和社会中的弱势群体受到的打击最为严重。此外，气候变化、粮食安全等问题仍在威胁着该地区未来的福祉和繁荣。

为有效应对这些挑战，各经济体应携手合作，而应对新冠肺炎疫情的经济政策应是2021年各经济体讨论的重点合作领域；在努力重建社会秩序的同时，也需要考虑有韧性的、能够维持经济复苏的政策交流。因此，亚太经济合作组织需要在区域经济复苏方面发挥领导作用，在3个领域采取果断和协调一致的行动：一是加强经济和贸易复苏，包括宏观经济和结构性政策调整以及为实现本地区经济一体化而重起自由和开放的贸易和投资；二是通过寻求释放社会所有成员潜力，推动应对本地区较为严重的经济环境挑战，提高经济复苏的包容性和可持续性；三是通过加快数字经济建设工作，推动创新型数字化复苏。

2020年，APEC各经济体达成《2040年亚太经合组织布特拉加亚愿景》，这是APEC对未来20年的共同愿景。2021年，亚太经济合作组织不仅要规划应对当前经济危机的路径，而且会就落实新愿景的详细行动计划达成一致。这将是亚太经济合作组织 2021 年最重要的任务，也是新西兰作为 2021 年 APEC 东道主的核心任务。行动计划的实施将基于《2040 年亚太经合组织布特拉加亚愿景》中对以下 3 个经济驱动因素的理解：贸易和投资，创新和数字化，实现强劲、平衡、安全、可持续和包容性增长。总之，2021 年是亚太经济合作组织制定经济复苏计划的重要年份，也是各经济体继续完善自身机制的重要年份，各经济体已有部分重要决策发布。新西兰 2021 年的 APEC 合作主题是"共同参与、共同行动、共同增长"，这也反映出亚太经济合作组织疫后合作的强烈意向。

第二节　新冠肺炎疫情后经济复苏

亚太经济合作组织已经面临经济增长放缓的问题，而新冠肺炎疫情进一步给该地区经济增长前景带来了不确定性。首先，在加强经济和贸易复苏方面，本地区经济发展能否实现复苏，主要取决于应对新冠肺炎疫情的宏观和微观经济政策的协调性和一致性，在此前提下，需要建立该地区贸易和投资的统一规则，鼓励支持开放和互联互通的贸易和经济政策，减少边境壁垒，而以上所述亟须宏观经济协同的行动和结构改革、自由开放的贸易和投资、贸易便利化和互联互通、数字化转型等方式来实现。其次，在提高经济复苏的包容性和可持续性方面，需要亚太经济合作组织所有经济体确保经济发展的韧性、可持续性和包容性成为经济复苏和长期增长的一部分，巩固本地区的稳定、增加人民的福祉，需要做好巩固包容性和可持续复苏的政策基础，促进包容和释放发展潜力，鼓励可持续发展，支持绿色复苏以应对气候变化。在 2020 年马来西亚，亚太经济合作组织领导人非正式会议通过了《2040 年亚太经合组织布特拉加亚愿景》；2021 年，东道主新西兰意在寻求促进新愿景实施计划达成协议，充分考虑企业和其他利益相关者的观点，应对新冠肺炎疫情带来的经济挑战。在恢复创新和数字化方面，亚太经济合作组织是否从当前的危机中恢复将在很大程度上取决于各经济体能否利用创新来提高生产力，尤其是在数字技术领域。数字技术领域的创新将取决于亚太经济合作组织各经济体在市场开放和竞争方面多大程度上能够应用此类技术，并支持各经济体企业和职员适应这一变化。APEC 各成员体应大力推进数字化包容性发展，加强基础设施建设,多鼓励绿色技术应用,启用数字化商业和贸易,开展结构改革以支持创新。

一、加强经济和贸易复苏政策协调

当务之急,亚太经济合作组织应实施支持性和辅助性的经贸政策,推动经济复苏。继续实施经济刺激政策,将有助于加大消费需求,恢复企业投资信心,创造就业机会,与此同时,健全的经济治理和新一轮结构性改革行动,将是经济持续增长和未来经济繁荣的先决条件。这项工作不仅关乎各经济体经济增长的恢复,也关乎数字创新、包容性增长和应对气候变化影响的区域经济政策的制定。因此,2021年APEC制定的首要任务是采取协调一致的宏观经济行动,推动经济包容性的、可持续的和有韧性的复苏。

自由开放的贸易和投资是APEC地区振兴经济增长的共同战略核心。亚太经济合作组织各经济体不应忽视这些核心原则,正是这些原则使亚太地区成为世界上最具活力和增长最快的地区。2020年上半年,亚太经济合作组织地区的商品和服务贸易大幅收缩,重新实现自由开放的贸易和投资对地区经济复苏至关重要,因为其可确保基本的商品和服务的持续流动,推动生产力进步和经济发展,促进就业和收入水平的复苏,向全球经济发出重要信号。因此,新西兰亚太经济合作组织贸易和经济优先事项的核心内容之一,是寻求恢复对以规则为基础的多边贸易体系的信心,推进本地区经济一体化,促进基本商品和服务的流动。

1. 探索宏观经济集体行动和结构改革的可能性

如果APEC各经济体相互交流知识和经验,该地区的复苏将会更加强劲。为实现这一目标,2021年APEC东道主新西兰将通过相关委员会推动关于应对新冠肺炎疫情的宏观经济集体行动计划和结构改革的讨论;在2020年马来西亚达成共识而采取方法的基础上,寻求这些相关议题可能带来的经济利益。这将有助于扩大亚太经济合作组织的对话范围,促进经济更加包容、可持续和富有弹性的复苏。鉴于这些措施对整体应对措施至关重要,亚太经济合作组织应鼓励财长会议与亚太经济合作组织其他委员会和工作组进行有效合作。

应对新冠肺炎疫情带来的财政压力使得有效的结构性改革受到前所未有的关注。新西兰建议亚太经济合作组织应优先讨论这一议题,以推动经济持续健康增长,支持宏观经济稳定。2021年,亚太经济合作组织将商定新的结构性改革工具，取代《亚太经合组织结构性改革议程》。这一新的议程将有助于强劲和可持续的经济复苏，并将成为在新冠肺炎疫情背景下加强各经济体合作的机制。新议程的核心内容将推动以经济增长为重点的改革，这些改革与亚太经济合作组织2021年更广泛的优先事项相一致，包括自由开放的贸易和投资，可持续和包容性增长以及促进生产力和创新。

服务业改革对推动本地区未来增长也具有巨大潜力，特别是在新冠肺炎疫情后经济复苏的背景下，例如，更加便捷地提供和使用商业与专业服务是有可能帮助提振经济增长的。《亚太经合组织服务竞争力路线图》中期审议是创造一个开放和公平竞争的服务市场的平台。它是为提高服务市场的生产力和效率而提出的建议，并将于2021年底出具中期审查报告，报送各经济体部长。通过这一议题，可以提高APEC地区服务竞争力，利好以服务为主导的企业和利用服务营利的企业的经济增长前景。

2. 自由开放的贸易和投资

近年来，很多质疑都集中在以规则为基础的贸易体系是否有能力应对APEC地区日益加剧的保护主义、单边贸易行动和政府对某些行业过度保护。在2021年，新西兰寻求亚太经济合作组织成为一个建设性的参与论坛，以重建人们对多边贸易体系的信心为目标。亚太经济合作组织经济体作为世界上最具活力的贸易区域的参与者，有更大的责任帮助振兴世界贸易组织（WTO）。因此，新西兰在2021年寻求以采取切实可行的方法来支持和推进APEC经济体在WTO中所做的努力和承诺，包括监测和帮助各经济体实施WTO有关方面的谈判成果，共同努力以实现WTO对贸易和生产更强有力的承诺。亚太经济合作组织作为一个非约束性论坛，也很适合讨论新兴贸易问题，供WTO将来审议。

为振兴贸易，支持经济复苏，亚太经济合作组织必须持续开展本地区经济一体化这一核心工作。虽然在过去的20年里，该地区的关税逐渐降低，但一些部门的贸易和经济环境持续受到高关税的影响，在此期间，非关税壁垒也有所增加，据估计，这些措施使得贸易成本是关税的3倍。因此，亚太经济合作组织成员要想方设法使本地区的贸易、投资和商业行为变得更加容易，这一点比以往任何时候都更为重要，这包括加强各经济体的能力建设、相互信任和技术合作，使其能够参与高质量的自由贸易协定。为此，APEC应以《2040年亚太经合组织布特拉加亚愿景》为基础，推进亚太自贸区建设。

新冠肺炎疫情扰乱了国际供应链，影响了药品、医疗用品和设备、农业和食品等基本商品的贸易，APEC 地区迫切需要确保供应链的开放性、有效性和弹性。为实现这一目标，亚太经济合作组织贸易部长于 2020 年发表了《便利必需品运输宣言》。2021 年，APEC 的工作重点是落实宣言，包括确定"什么是必需品"，继续寻求关税自由化的机会，消除非关税壁垒，加强贸易便利化以及避免任何不必要的贸易限制性措施。

APEC 地区公平分配疫苗对于该地区贸易和投资的恢复尤为关键。据 IMF（国际货币基金组织）估计，到 2025 年，疫苗分配和接种将使全球收入增加近 9 万亿美元。作为亚太经济合作组织在《便利必需品运输宣言》基础上开展工作的一部分，各经济体应开展切实合作，确保疫苗生产过程的自由流动，并确保从工厂大门到交货港口的疫苗供应链畅通。

3. 贸易便利化和互联互通

作为落实《便利必需品运输宣言》的一部分，新西兰倡导 APEC 经济体寻求在非关税措施方面开展合作，以改善基本商品贸易便利化。APEC 贸易和投资委员会正在开展工作，以确定自新冠肺炎疫情以来对基本商品实施的非关税贸易壁垒类型，并分享亚太经济合作组织经济体采取的贸易便利措施的最佳实践案例。2021 年，亚太经济合作组织将商定这项工作的未来发展方向，以确保充分实现贸易便利，减少由贸易限制措施而产生的成本。

新冠肺炎疫情发生以来，发生的新的非关税措施中约有 60% 是有关贸易便利化的，这些措施在产生新的贸易格局过程中十分必要，这可以应对封锁造成的限制，并使健康风险最小化。2021 年，亚太经济合作组织携手开展工作，以总结应对新冠肺炎疫情的经验教训，并开发新的有效工具，以更高效的方式应对未来的贸易中断。作为这项工作的一部分，亚太经济合作组织应考虑如何让海关和其他机构实施一些临时贸易便利化措施，作为该地区新的贸易和投资标准制定的基础。

为应对新冠肺炎疫情，许多 APEC 经济体限制人员跨境流动，以防止病毒传播。在未来的一年，各经济体将有机会讨论各自的经验，以及它们可能以一种安全的方式来更好地促进人员跨境流动。这将有助于 APEC 地区与全球市场重新建立联系，同时也要全力维持公共卫生方面所需的必要措施。

二、提高经济复苏的包容性和可持续性

疫情后，为恢复本地区的经济活力和韧性，在制定相关政策时应考虑包容性和可持续性目标。新冠肺炎疫情的发生扩大了各经济体现有的分歧，对那些在经济上已经被边缘化的人群造成了更为严重的影响。经济复苏不应把中小企业、妇女、青年、老年人、农村地区忽略掉，这不仅是一个原则问题，还是经济上合作的一项务实优先事项。释放所有社会成员的潜力能够为该地区未来的增长前景提供有力的支撑。

在亚太经济合作组织成员努力从新冠肺炎疫情的影响中恢复之际，APEC各经济体获得了促进绿色经济复苏的机会。以可持续复苏为目标的政策，将降低未来经济增长与当前经济增长发生冲突的可能性，提高该地区应对气候变化影响的能力，并加快向低排放型经济转型。新西兰认为作为一个专注于经济政策制定的组织，亚太经济合作组织非常适合讨论经济结构改革，以实现能源、交通和生产系统脱碳，并减少温室气体排放。

2021年，亚太经济合作组织将落实现有议题的重要内容，为实现包容性和可持续复苏奠定政策基础。这将包括实施《妇女与包容性增长塞雷娜路线图》，起草新的《亚太经合组织面向2030年粮食安全路线图》，经济委员会将制定新的结构改革文书，提交2021年亚太经济合作组织经济政策报告，内容涉及结构改革和未来APEC组织的合作内容。与此同时，亚太经济合作组织在包容性和可持续性议题方面还存在较大分歧，虽然释放了本土经济的潜力，但仍存在进一步取得进展的重大机遇。亚太经济合作组织还可以加快应对气候变化的工作，特别是如何利用市场措施来创造公平的竞争环境，并鼓励更可持续的措施。

1. 包容性和可持续性经济复苏政策基础

APEC经济委员会新的结构性改革工具将成为指导各经济体应对疫情的重要机制，并确保社会所有群体都获得更多的机会。标准化数据收集对于理解疫情对社会和经济的影响至关重要。各经济体在设计经济复苏方案时，应将分享最佳实践放在合作的首位，这样各经济体可以听取和吸收不同经济行为者的经验和教训，以便更充分地了解改革产生的影响。

亚太经济合作组织关于结构改革和未来工作的经济政策报告将为亚太经济合作组织提供经济走势分析和重要的政策工具，并支持包容性的劳动力市场

复苏。技术变革、全球化、人口变化和气候变化正日益改变着人类的工作性质和职业、行业和部门的发展轨迹。新冠肺炎疫情对各经济体劳动力市场的影响及其发展的长期趋势，造成了具有很大不确定性的复杂局面。

2021年，亚太经济合作组织将制定新的粮食安全路线图，取代2014年的《2014—2020亚太经合组织粮食安全路线图》。新冠肺炎疫情破坏了食品供应链，影响了粮食生产，威胁区域粮食安全。该地区的粮食系统已经面临着人口增长、气候变化和自然资源枯竭等重大挑战。新的路线图应该立即为应对新冠肺炎疫情指明方向，并制定政策、出台措施，以确保该地区的粮食系统具有活力、效率和创新性，以及可持续性和包容性。

2. 促进包容性和充分释放潜力

2021年，亚太经济合作组织将落实《妇女与包容性增长拉塞雷娜路线图》，将妇女和女童置于经济复苏工作的中心。在新冠肺炎疫情的背景下，这项工作尤其重要，因为新出现的证据表明，由于新冠肺炎疫情，妇女面临更高的失业和收入损失风险。例如，在新西兰，2020年6月失去工作的人群中，有63%是女性，这一趋势在APEC地区不是个例。各经济体实施路线图将侧重于使用标准化数据，以便更好地认识和纳入妇女对经济的贡献。在亚太经济合作组织以往有关性别和结构改革工作的基础上，开发和共享在线工具，协助各经济体更好地使用数据，制定和宣传促进性别平等的政策，是APEC组织正在考虑的议题。

尽管亚太经济合作组织在妇女经济赋权方面的工作取得了进展，但亚太经济合作组织的包容性议程仍存在不足之处。亚太经济合作组织承认，有机会进一步了解本地区各经济体，开展进一步的深入合作，释放其潜力十分必要。亚太经济合作组织已经开始评估和掌握亚太经济合作组织各经济体的规模、优势和贡献，这项工作将有助于亚太经济合作组织更好地理解本地经济如何成为本地区增长的引擎。

APEC本土经济对亚太经济合作组织的各种机制都有重要意义。例如，亚太经济合作组织在支持微型、小型和中型企业方面的工作可考虑本土企业所面临的独特挑战，以及决策者如何更好地支持它们，特别是在新冠肺炎疫情下如何恢复其活力。农村经济和食品系统提供了工作的机会，数字化和电子商务是本土企业出口潜力的推动因素。亚太经济合作组织经济体可以考虑开展相关工作，加强对本土贸易壁垒的了解。此外，亚太经济合作组织经济体有很多本土的商业经贸知识和体系需要学习，应该考虑如何更好地认识这些知识和体系。在开展这些领域的工作时，亚太经济合作组织应吸收本土企业和商家自身的观点和经验。

3. 鼓励可持续发展、支持绿色复苏、应对气候变化

作为一个区域经济论坛，亚太经济合作组织完全有理由考虑有关的政策制定和经济激励措施，以推动低碳、减少温室气体排放等更可持续的做法的实施。因此，亚太经济合作组织将重点放在以市场为基础的措施上，以应对最严重的环境挑战，特别是气候变化的挑战。亚太经济合作组织应继续努力，摒弃那些刺激不可持续的消费和生产的补贴，并营造产品和服务贸易自由化的环境；这些都为 APEC 各经济体提供了开展更多相关合作的机会，同时，也将更广泛地支持亚太经济合作组织可持续发展工作计划的顺利实施，包括为增加可再生能源利用率、解决海洋可持续性问题以及支持新兴绿色产业所做的有价值的工作。

鼓励对不可持续消费和生产的补贴进行改革，可以通过改善经济、社会和环境，带来"三赢"结果。亚太经济合作组织在环境污染补贴改革方面开展了世界领先的工作，重点是化石燃料补贴和渔业补贴，例如，亚太经济合作组织在渔业补贴方面的原始工作为 WTO 启动渔业补贴谈判提供了信息和案例支持。此外，2009 年，亚太经济合作组织领导人承诺逐步取消鼓励消费化石燃料的补贴。迄今为止，已有 9 个亚太经济合作组织经济体接受了化石燃料补贴改革的同行审议。2021 年，APEC 有望继续通过改革这种补贴加强能力建设，延续这一良好势头。

通过进一步开放环境产品和服务，将经济效益指标纳入应对环境问题领域，是亚太经济合作组织未来拥有的重大机遇。《亚太经合组织环境产品清单》对 54 种产品的关税率降至 5% 或以下，是亚太经济合作组织在贸易和环境领域取得的最重要成就之一。自 2012 年达成最初的清单以来，现在已经过去了 9 年，而 WTO 内部谈判一直停滞不前。鉴于 APEC 各经济体面临的环境和气候变化问题的严重性，各经济体探索如何在亚太经济合作组织以往成功经验的基础上进一步开展合作，包括在清单中增加新产品和进一步降低关税非常重要。APEC 各经济体也在利用亚太经济合作组织作为非约束性论坛的优势，探讨环境服务的原始定义是否适用。在此基础上，亚太经济合作组织将继续利用贸易和经济激励措施，推动该地区可持续增长。

三、坚持创新并推动数字化复苏

新冠肺炎疫情加速了 APEC 地区数字转型，凸显了数字技术对商业和医疗保健服务的重要性。数字经济将成为新冠肺炎疫情后推动地区经济增长的重要途径。数字技术在促进获取社会成果方面也具有巨大潜力，如金融普惠、更好的医疗保健和增强可持续性等方面均成果斐然。随着社会和企业的广泛参与，APEC 地区数字化经济将更好地复苏和繁荣。

在《亚太经合组织互联网和数字经济路线图》和《亚太经合组织数字经济行动议程》的基础上，加快落实《亚太经合组织互联网和数字经济路线图》的务实行动是亚太经济合作组织未来一年的优先任务。为此，APEC 将在 2021 年关注数字经济的 3 个关键领域：促进数字经济包容性、加强基础设施建设和发展绿色技术；数字化商业和贸易；支持创新的结构性改革。

1. 促进数字经济包容性、加强基础设施建设和发展绿色技术

尽管数字化转型为经济增长和就业提供了巨大潜力，但公平分配数字化转型带来的收益更为重要，而非进一步加剧 APEC 经济体内部和经济体之间的不平等。为了使数字经济更具包容性，亚太经济合作组织需要确保传统上弱势群体能够充分获得他们所需的工作和技能。这些群体包括小企业、老年人、妇女和农村社区。亚太经济合作组织可以在技能和劳动力能力建设方面加强规范的创新，以确保本地区的人民能够尽可能充分地参与到不断变化的全球经济环境中去。亚太经济合作组织应继续分享关于发展数字技能和促进数字扫盲的最佳实践，以培养能够适应环境变化并填补未来工作岗位的高技能劳动力。APEC 还应促进并扩充参与电子商务的措施，以此作为发展强大的商业企业的手段。

正如在应对新冠肺炎疫情过程中所证明的，数字技术和相关工具是影响健康、教育和商业的关键因素。扩大对包括宽带、信息和通信技术网络在内的数字基础设施投入，对于弥合数字鸿沟至关重要。改善数字基础设施将加速 APEC 地区企业和人民的福祉，促进该地区经济增长。因此，开放的技术市场应成为促进竞争、降低价格、增加数字技术可普及性的优先事项。

新技术也为推进可持续发展目标提供了机遇。为促进绿色经济复苏和向低碳经济转型，各经济体应通过投资和产业政策支持新兴技术发展，同步推进绿色经济和数字基础设施投资，促进经济增长，并解决环境问题，例如，通

过在农业和食品饮料行业推广数字技术，亚太经济合作组织可以支持粮食可持续性生产，从而实现粮食安全目标。可再生能源技术还提供了APEC地区经济交往的频率和可持续发展机会，例如，制定低碳排放的氢生产的共同标准有助于实现与应对气候变化的相关目标，并促进在亚太经济合作组织区域发展低碳排放的氢供应链。

2. 数字化商业和贸易

与其他领域相比，数字经济的国际规则框架相对较少。亚太经济合作组织应在支持该领域国际规则的制定和实施方面发挥重要作用。例如，可以通过支持WTO电子商务联合声明倡议发挥相应的作用。亚太经济合作组织成员可以通过政策对话和信息共享机制，相互学习制定相关规则的经验，以最大限度地减少本地区经商成本的"意大利面碗"。新西兰、智利和新加坡于2020年签署的《数字经济伙伴关系协定》为亚太经济合作组织各经济体如何在数字经济加强合作提供了一个很好的范例，加强了监管的协调，促进了标准的互操作性。其他如全面跨太平洋伙伴关系协定（CPTPP）和区域全面经济伙伴关系协定（RCEP）中有关电子商务的规定也值得借鉴。通过推动这些基于规则的协议，亚太经济合作组织可以帮助企业和消费者提供充分参与数字贸易所需的可预测性、确定性和相互信任。

数据流，包括跨境数据流，是大多数商务业务运作的基础。有关数据移动和存储的规则需要创新，同时维护消费者的信任及商业诚信，政府在隐私和安全等方面保持政策监管。亚太经济合作组织应该通过负责任、数据驱动的创新机制和政策机制，推动数字经济健康发展。

大多数企业，即使是那些专注于国内市场的企业，无论是通过云计算、供应链管理、数据分析，还是采用智能技术，至少也会在一定程度上使用数字贸易工具。然而，APEC成员在管控跨境数据流动和影响数字工具实施方式的政策和法规方面存在较大分歧，有的经济体认为这将给公司带来额外的成本，尤其是当小型企业试图进入全球市场时，这种阻碍的效应更加明显。新西兰认为系统互操作和监管一致性应成为亚太经济合作组织数字经济工作的指导原则。例如，通过确保本地区不同的发票系统实现互操作，亚太经济合作组织可以减少企业遇到的贸易壁垒、交易和财务成本，改善它们的现金流，增强它们的适应性。采用跨境数字技术和流程可以提高国际贸易的效率和透明度。数字系统支持商品和服务在不需要个人互动的条件下流动，这在新冠肺炎疫情下发挥了重要作用。亚太经济合作组织应优先开展数字化贸易便利的各方面工作，使货物和服务出口更加便利，避免进一步制造贸易壁垒，特别是亚太经济合作组织成员应进一步协调海关程序，简化边境操作，包括更多地使用电子海关和边境相关文件。

3. 通过结构性改革支持创新

目前，APEC各经济体普遍认为，各方需要通过监管来解决数字化带来的一些问题，包括隐私和安全治理。但是，由于各经济体（或多个经济体集团）数字开发方法的多样性，可能成为数字产业增长的障碍。为支持新冠肺炎疫情下经济的复苏，亚太经济合作组织应加强监管合作，防止数字市场分裂化。新西兰认为APEC应启动以创新为支柱的亚太经济合作组织结构性改革新议程，并支持各方努力确保本地区新法规的灵活性、可行性及其精简化，这并不意味着采用单一的制度或政策，相反，亚太经济合作组织应充分考虑如何提高标准、法规和政策的互操作性。

支持数字经济增长，亚太经济合作组织经济体应促进创新，确保有效竞争。由于种种原因，在数字化过程中，应用传统的竞争政策已被证明具有一定的缺陷。在某些情况下，监管可能过于严格，而在另一些情况下，则出现了不公平的竞争情况，缺乏监管，行业龙头及先行者可能因网络和规模效应而获得垄断利益。亚太经济合作组织应评估数字经济中的良好监管的最佳案例，包括更好地理解数字市场竞争和监管的不同方式。

为新技术建立良好的治理框架是亚太经济合作组织成员面临的另一个共同监管挑战。许多新兴技术具有巨大的潜力，但需要基于负责任的原则进行开发，以避免意想不到的后果。亚太经济合作组织应支持在新技术带来的机遇和风险管理之间取得平衡，应通过实际案例、研究和分析，以及多方利益相关者参与进行操作。例如，亚太经济合作组织应支持各经济体以安全、周密的方式推动人工智能的研发和应用，以获取其提供的经济机会，特别是对小型企业提供的成长机会。亚太经济合作组织还应考虑如何发展员工未来所需的技能，以便利用未来人工智能产生更多的就业机会。

参考文献

陈雅莉，2012.坚定不移沿着中国特色社会主义道路前进　为全面建成小康社会而奋斗——胡锦涛在中国共产党第十八次全国代表大会上的报告［J］.学理论（34）：1-12.

程宇宸,2018.我国网络海外代购经营者市场准入法律问题研究［D］.贵阳：贵州大学.

范晓,［2014-11-02］.25载,APEC新意迭出［EB/OL］.http：//finance.china.com.cn/roll/20141102/2766590.shtml.

黄乐平,2014."包容性发展"与收入分配：智利案例研究［D］.北京：中国社会科学院.

惠康莉,2017.论中国自贸区知识产权制度对TPP知识产权执法规则的借鉴［D］.苏州：苏州大学.

司建楠,2010-11-29.寄望坎昆会议 国际能源署呼吁取消化石能源补贴［N］.中国工业报,（A02）.

孙兴杰,2013.TPP背后的中美博弈［J］.中国经济和信息化（12）：28-29.

谢剑南,2019.共赢主义视域下的中美关系［D］.北京：中共中央党校.

新华社,［2014-11-12］.亚太经合组织第二十二次领导人非正式会议宣言［EB/OL］.http：//www.xinhuanet.com/world/2014-11/12/c_1113207282.htm.

赵旸顿,彭德雷,2020.全球数字经贸规则的最新发展与比较——基于对《数字经济伙伴关系协定》的考察［J］.亚太经济（4）：58-69.

周立伟,2013.活力亚太 全球引擎［J］.纺织科学研究（11）：98-100.

周远,［2020-11-22］.APEC有好消息,今年会议发出积极信号［EB/OL］.https：//mini.eastday.com/a/201122133235647-3.html.

第二章　APEC 与 RCEP

第一节　RCEP 概述

第四次《区域全面经济伙伴关系协定》（RCEP）领导人会议于 2020 年 11 月 15 日以视频形式召开，会后中国和日本、韩国、澳大利亚、新西兰等共 15 个亚太经济体正式签署了《区域全面经济伙伴关系协定》（Regional Comprehensive Economic Partnership，RCEP）。2012 年东盟发起该协定，历经 8 年共 31 轮正式谈判（特别是 2020 年以来，RCEP 各成员体克服新冠肺炎疫情带来的巨大挑战，全面完成市场准入谈判），并完成了约 1.4 万页法律文本的审核工作，最终按规定签署了这一协定。RCEP 的签署是近 20 年来东亚地区经济一体化建设最重要的成果。

RCEP 是亚太地区最大、最重要的自由贸易协定，一旦达成，该协议将覆盖全世界近一半人口，贸易量接近全球 1/3，成为世界上人口最多、成员组成最多、最具发展活力的自由贸易区。

一、RCEP 内容概要

RCEP 是一个现代、全面、高质、互惠的大型区域自贸协定，它涵盖了包括货物贸易、服务贸易等市场准入以及贸易便利化、电子商务、知识产权、经济与技术合作等方面。RCEP 协定由序言、20 个章节（主要包括货物贸易、原产地规则、贸易救济、服务贸易、投资、电子商务、政府采购等章）、4 个市场准入承诺表附件（包括关税承诺表、服务具体承诺表、投资保留及不符措施承诺表、自然人临时流动具体承诺表）组成。RCEP 货物贸易零关税产品整体上超过 90%，顺应数字经济时代需求纳入了现代化的电子商务等章节，就内容的实质性来说是一个高质量、现代化的协定。

二、RCEP 成员概况

RCEP 成员包括中国、日本、韩国、澳大利亚、新西兰和东盟 10 国（文莱、柬埔寨、印度尼西亚、菲律宾、新加坡、泰国、缅甸、越南、老挝、马来西亚）共 15 个成员。目前，RCEP 是全世界规模最大的自贸区，涵盖了东亚地区主要国家，将为地区和全世界经济增长注入强劲动力。2019 年，RCEP 的 15 个成员总人口数量达到约 22.7 亿人，国内生产总值达到约 26.2 万亿美元、总出口额约 5.2 万亿美元，这一自贸区的建成意味着全世界约 1/3 的经济体量将形成一体化的大市场。RCEP 的成员国包括发达国家、发展中国家和最不发达国家，协定最大限度地考虑了各方的诉求，给予它们区别对待，帮助发展中成员加强能力建设，促进本地区开放、包容、普惠、平衡、共赢的发展。

根据中国与 RCEP 成员国的贸易状况，中国与 RCEP 成员国的贸易总额占比约为中国对外总贸易额的 31.9%，出口总额占比约为 27.1%。RCEP 成员国对中国外贸经济具有非常重要的影响，特别是成员国当中东盟占比最大，这也与中国在 2020 年新冠肺炎疫情期间与东盟外贸关系日益密切相符合。就中国对东盟出口结构而言，主要是纺织品、机电产品和金属及其制品。在东盟国家出口商品结构方面，其出口结构与中国的重合程度有一定程度的提高，在 RCEP 的作用下，或将促进中国部分低端产业的转移，从而加速中国国内产业升级的步伐，带动中国在全世界产业链中的地位上升，转向出口附加值相对较高的产品。

第二节 RCEP 历史起源与大事记

一、RCEP 历史起源

2012 年，东盟发起 RCEP，其目标是致力于建设一个"现代、全面、高质和互惠互利的经济伙伴关系，以推动区域贸易和投资增长，并为全世界经济增长和发展作出贡献"。

回溯历史，在第二次世界大战结束之前，东亚经济体的国际贸易往来主要局限于区域之内,第二次世界大战后世界经济和国际政治格局的剧变为各经济体融入全世界经济体体系提供了历史性机遇,东亚各经济体也由此开始推进全球化进程,并开始寻找全球性的贸易和投资伙伴。然而,20世纪90年代初期,这一趋势再次逆转,亚洲四小龙迅猛的增长势头和巨大的经济增长潜力使东亚各经济体的目光从区域外转向区域之内,重新审视区域内的投资与贸易机会,各经济体之间进行区域经济合作的愿望也不断增加。1990年,随着推进东亚经济体一体化的各种条件日渐成熟,马来西亚前总理马哈蒂尔提议成立一个全新的专注区域事务的机构,即为东亚经济集团(East Asia Economic Group, EAEG),由东盟以及中日韩三国共同参与("10+3"的前身),随之而来的1997年东亚金融危机使该机构获得了更多的关注。在1997年亚洲金融危机之后,大多数东盟成员国基于政治经济的双重考虑,仍继续在全世界范围内寻找强有力的合作伙伴,试图以此来平衡东亚地区日渐显现的权力失衡。

与此同时,在东亚一体化进程中,区域的外部力量也同样在发挥着影响力。在美国和日本的支持下,澳大利亚于1989年发起了横跨亚太的亚太经济合作组织。在美国前国务卿詹姆斯·贝克看来,APEC成立的主要目的就是为阻止东亚各国在"太平洋的中间划出一条分界线"。美国试图通过跨太平洋经济一体化来主导东亚区域经济一体化进程,并分享该地区经济繁荣的果实。东亚区域经济一体化在内外部两股力量作用之下蹒跚前行。此时的东亚地区面临着两难选择:亚洲的未来是局限于马哈蒂尔曾经主张并获得中国支持的"10+3"范围内,或是扩展至如日本所倡导的东盟+6(包括澳大利亚、印度和新西兰)甚至是亚太地区这一更大范围。尽管印度与东亚经济体的经济发展模式和历史文化传统均存在巨大差异,日本将其视为平衡中国地区影响力的重要举措而希望将其融入东亚一体化的进程中。

2010年,APEC领导人非正式会议《横滨宣言》呼吁各成员体采取措施促进亚太自由贸易区的建成,并提出未来将研讨一系列促进亚太自由贸易区(Free Trade Area of the Asia-Pacific, FTAAP)形成的可能途径。但是历史经验说明,在地理距离上与东亚相距遥远的国家难以真正成为东亚一体化的核心成员国和推动者,无论是印度还是美国均非亚洲地区最优的合作伙伴,受制于国内政治因素和不断变化的经济利益,他们与东亚地区脆弱的经济联系无法成为平衡该地区大国影响力的稳定力量,亚洲的繁荣与稳定最终依赖该地区成员国之间的紧密合作和强有力的制度建设。在特朗普上台之后，美国随即退出"跨太平洋伙伴关系协定"（Trans-Pacific Partnership Agreement，TPP），由其挑起的中美贸易摩擦对东亚地区乃至全世界贸易产生了强烈冲击，欧美发达国家不断蔓延着逆全球化和贸易保护主义的思潮。新冠肺炎疫情的持续更是给世界各国的经济增长蒙上一层阴霾。鉴于日益恶化的外部经济形势，RCEP各成员国再次意识到继续推进经济合作的重要意义，各方开始逐渐达成谅解，最终东盟主导下的RCEP被15个成员国所接受。

二、RCEP大事记

2012年11月20日，在柬埔寨金边举行的东亚领导人系列会议上，中国与日本、韩国、印度、澳大利亚、新西兰及东盟10国的领导人共同发表了启动RCEP谈判的联合声明，正式启动了这一涉及16个国家的自贸区建设进程。各国领导人承诺，通过RCEP谈判，将在现有经济联系的基础上，达成一个全面、高质、互惠互利的区域自贸协定。

2013年5月9日，RCEP第一轮谈判在文莱举行。中国、日本、韩国、澳大利亚、新西兰、印度以及东盟10国均派代表团与会。本轮谈判正式成立了货物贸易、服务贸易和投资三个工作组，并就三个工作组的工作规划、职责范围、未来可能面临的挑战等议题深入交换了意见。

2015年8月，RCEP第三次部长级会议上，关于货物贸易的市场准入谈判取得了重大突破，各成员国就初始出价模式达成一致意见，实质性的市场准入谈判即将开始。

2017年5月，RCEP的16个成员国举行第三次部长级会议。此时，关于经济技术合作和中小企业2个章节的谈判已结束，其他一些章节的谈判也接近尾声。

2017年11月，RCEP首次领导人会议在菲律宾首都马尼拉举行。会议结束后，与会领导人发表了联合声明，指示部长和谈判小组加紧努力，以尽快结束RCEP谈判。

2019年8月，RCEP部长级会议在北京举行，这次会议对推进谈判取得了重大进展。关于市场准入问题，2/3以上的双边市场准入谈判已经结束；关于规则谈判，新完成的金融服务、电信服务、专业服务3项内容，各方商定了80%以上的协定文本，其余规则的谈判也接近尾声。

2019年11月，RCEP第三次领导人会议举行。在此期间，在经过27轮谈判之后，除了印度，RCEP的15个成员国已经完成了全部20个章节的文本谈判，并完成了全部市场准入谈判。各国领导人发表了联合声明，指示各方对协定进行法律文本的审核，以便在2020年签署协定。该声明还表示，印度有一些重要问题尚未解决，RCEP所有成员国都将共同努力，以相互满意的方式解决这些问题。

2020年10月，RCEP部长级视频会议举行。会议肯定了协定法律文本审核工作取得的实质性进展，决定为争取年内签署协定做好充分准备。

2020年11月15日，"第四次《区域全面经济伙伴关系协定》（RCEP）领导人会议"以视频形式举行，中国和日本、韩国、澳大利亚、新西兰、东盟10国共15个亚太国家正式签署了《区域全面经济伙伴关系协定》。

第三节 APEC与RCEP的关联

亚太经济合作组织（APEC）成立于1989年，是亚太地区重要的经济合作论坛，也是亚太地区最高级别的政府间经济合作机制，中国于1991年11月正式加入APEC。由于APEC的推动，该地区平均关税降至5.2%，贸易成本和时间成本大幅下降。现在，东南亚地区的水果、新西兰的奶粉等都能以相对便宜的价格买到，APEC的贡献是巨大的。与此同时，APEC商务旅行卡也让APEC成员的商务人员通行更加方便。

APEC是一个非约束性质的经济论坛组织，成员之间在开展合作的基础上本着自愿、灵活渐进、协商一致的原则，采取的是领导人应将承诺作为最高道德约束，再通过工作层逐级落实，从而推进亚太区域合作。与APEC相比，自由贸易区具有较高的开放性和约束力。20世纪末至21世纪初，亚太地区自贸协定数量大幅度增加，不同的自贸区、自贸协定设定了不同的标准、规则，为了避免这种"意大利面碗"效应，同时提高区域一体化水平，亚太自贸区的设想被提出。2014年各方最终就《APEC推动实现亚太自贸区北京路线图》达成了共识，决定启动建设一个跨越太平洋、涵盖世界前三大经济体、占全世界GDP 57%、贸易额46%、人口40%的亚太自由贸易区。APEC领导人非正式会议通过了《2040年亚太经济合作组织布特拉加亚愿景》，主要内容包括推动亚太自贸区进程，继续推进区域经济一体化，促进高标准、全面的区域经济合作安排。中国商务部表示，中方将力争在新愿景期间，为建成全面、高水平、惠及区域人民和商界的亚太自贸区贡献自己的力量。

而 RCEP 和全面与进步跨太平洋伙伴关系协定（Comprehensive and Progressive Agreement for Trans-Pacific Partnership，CPTPP）是实现亚太自由贸易区的两条路径。其中，CPTPP 的前身是跨太平洋伙伴关系协定（Trans-Pacific Partnership Agreement，TPP），自美国政府 2017 年宣布退出 TPP 以来，日本、新加坡、马来西亚、文莱、越南、澳大利亚、新西兰、加拿大、智利、墨西哥和秘鲁等 11 个国家于 2018 年签署了 CPTPP。对于参加 CPTPP，中方持积极开放态度。RCEP 将会显著降低 15 个成员国的关税水平，消除贸易壁垒，并有助于在东亚建立一个一体化水平高且容量大的区域市场。RCEP 更具包容性，逐步提高自由化水平。同时，CPTPP 是一个更高标准的自由贸易安排，未来双方能够更好互补，发挥各自不同的优势，共同为实现亚太自贸区的远景目标作出应有贡献。

第四节　RCEP 签署的影响和意义

中美贸易摩擦已经呈现长期化的趋势，全世界范围内逆全球化和贸易保护主义盛行，新冠肺炎疫情的冲击让原本虚弱的世界经济再次遭受重创。研究显示，RCEP 的签署、生效，能够显著提振东亚区域经济，提升大多数成员国的总体福利水平和人均收入水平，有效地规避中美贸易摩擦对各国经济的负面影响。同时，RCEP 将从货物贸易、服务贸易、跨境投资和电子商务等领域全面提升区域经贸合作水平，是对以规则为基础的国际贸易体系和经济区域经济一体化的强有力推动。在全世界价值链面临重构之际，RCEP 所包含的高质量贸易规则及条款的覆盖广度将有助于东亚地区构建起更加完整的区域价值链，尤其是在中、日、韩三国参与背景下，东亚区域价值链在未来也必将表现出更强的独立性并降低欧美依赖度。与此同时，中国再次提出"要构建国内大循环为主体，国内国际双循环相互促进的新发展格局"，充分发挥中国超大规模市场的优势和内需潜力，这意味着未来在东亚区域价值链中，无论供给端还是需求端，中国必将发挥越来越重要的影响，推动东亚区域内的双循环新格局。

当今世界正经历百年未有之大变局，新冠肺炎疫情肆虐全球，世界经济陷入严重衰退，不稳定、不确定性因素增多。基于这种背景，RCEP 的签署不仅是区域经济一体化的重要事件，还是中国继加入 WTO 后又一重大成果，为推动新一轮高水平改革开放、合作共赢新局面将产生深远影响，对促进世界经济复苏、维护多边贸易体制发挥积极且重要的作用。

一、RCEP 的签署对世界的影响和意义

RCEP 的签订不仅是东亚区域经济一体化进程的重要标志性事件，而且是自由贸易和多边主义的胜利，对促进世界经济繁荣和稳定具有重大意义。

RCEP 可以在区域经济合作中对区域产业链和价值链进行延伸和重构。根据国际知名智囊机构的预测，到 2025 年，RCEP 将会带动成员国在对外投资、出口、国内生产总值指标上分别比基线增长 2.6%、10.4%、1.8%。RCEP 的成功签署，打破了关税和投资壁垒，有利于延长区域产业链，降低企业参与国际产业链分工的成本，促进了区域内贸易；另外，将 RCEP 成员作为主要群体的新的区域价值链，将进一步扩展和重构成员之间的关系，从而为发展中国家的经济贸易发展带来更多的机遇。RCEP 也为亚太自贸区（FTAAP）的建设提供了实现路径。亚太自贸区涵盖近 60 个自由贸易协定，如何根据区域内各个国家的实际发展情况，建立有效合理的制度框架仍未明晰。RCEP 囊括了中、日、韩等东亚地区主要国家，又作为目前涵盖成员国最多的自贸协定，一方面为亚太自贸区协调各国情况达成共识提供了典范，另一方面也必将进一步提升亚太区域在全球发展格局中的地位。

对于世界经济的发展，RCEP 将延长全世界产业链，从而创造更大的经济效益。据相关数据显示，RCEP 的 15 个成员国覆盖了全世界 22 亿的人口，2019 年 GDP 总额达 25.6 万亿美元，区域内贸易额达 10.4 万亿美元，区域对外出口额达 5.6 万亿美元，这些指标均占全世界总量的 30% 左右。RCEP 是世界上最大的自贸区，它把贸易与投资的创造效应和转移效应结合起来，扩大区域内贸易与相互投资，延伸全球产业链，强化区域生产网络体系功能，使 15 个成员国实现更强劲的增长。RCEP 将重塑全世界经贸规则和格局，RCEP 为世界各国建立一个更开放、更具包容性的国际经贸规则治理体系提供了经验，在此基础上，RCEP 能够最大限度地保障各国利益平衡，满足不同发展水平国家的利益诉求，为以 WTO 为代表的多边经济贸易规则治理改革提供新的经验和思路。同时，RCEP 体现了各国应对逆全球化浪潮而共同努力的决心，

是欠发达国家利益在全球经济贸易治理中的集中体现，也必将打破目前以发达国家意志制定经济贸易规则的现状。从达成的协议来看，RCEP规定的90%零关税覆盖并非是全世界零关税覆盖最高的自贸协定，而其在知识产权、劳动力市场、环境保护等方面也并未给参与国设置严格的条件和限制。这恰恰说明，RCEP反映的是发展中国家以"发展"为诉求的核心利益，是以发展中国家为主导的经贸规则，有望重塑当前发达国家"一家独大"的经贸规则制定。RCEP的签署有利于推动世界各国疫情后经济复苏，促进长期繁荣发展。在新冠肺炎疫情的冲击下，国际形势发生着深刻复杂的变化，世界各国经济都受到了严重影响。RCEP顺利签署，无疑给新冠肺炎疫情笼罩下的亚太和全世界注入了一针强心剂，有利于世界各国应对新冠肺炎疫情冲击下的经济衰退。同时，进一步推动了贸易自由化进程，将更大程度上促进世界经济的大繁荣、大发展。RCEP所带来的贸易成本下降、市场准入的变化以及制度性规则的引入必然带来显著的影响。

二、RCEP的签署对中国的影响和意义

RCEP的签署对于中国来说意义重大，主要体现在对外贸易、产业发展、金融领域和外部环境4个层面。

1. 贸易层面有助于扩大中国与其他成员国之间的贸易活动

第一，就货物贸易而言，RCEP其他14个成员国都是中国的重要贸易伙伴。一方面，受中美经贸摩擦的负面影响，以及英国正式退出欧盟后，欧盟和英国对华贸易额的统计口径发生变化，中国、美国和欧盟的双边贸易额都出现下降；另一方面，随着"走出去"战略和"一带一路"倡议的不断推进，2020年，东盟10国双边贸易额继续增长，东盟10国超过美国和欧盟成为中国第一大贸易伙伴，中国与东盟10国的双边贸易额在全球经济不景气的背景下保持逆势增长。同时，日本、韩国和澳大利亚已分别成为中国第四、第五和第八大贸易伙伴，而中国已经连续多年成为澳大利亚、新西兰、韩国和东盟10国的第一大贸易伙伴。

第二，根据Wind数据，从2020年中国对RCEP其他14个成员国的贸易现状来看，2020年1—10月，中国对14个RCEP成员国累计进出口贸易约占中国进出口贸易总额的31.9%，总额已达1.18万亿美元；中国对14个成员国出口贸易约占中国出口贸易总额的27.1%，累计额达到5549.3亿美元；从

RCEP 内部统计来看，中国与东盟 10 国之间的对外贸易比例最大，中国对东盟 10 国进出口贸易总额约占中国对 14 个成员国累计进出口贸易总额的 45.8%，中国对东盟 10 国出口贸易总额约占中国对 14 个成员国累计出口贸易总额的 54.3%。尤其是在新冠肺炎疫情冲击下，中国与东盟 10 国之间的经贸关系不断加强，2020 年 1—10 月中国与东盟 10 国的双边贸易占中国对外贸易总额的 14.3%，同比增长 7%，总额达到 3.79 万亿元人民币，其中中国对东盟 10 国出口贸易总额累计同比增长 5.3%，这对中国在疫情冲击下稳定对外出口贸易和经济增长提供了强有力的支持。

因此，从对外贸易的规模和增长速度情况来看，RCEP 成员国对中国对外贸易具有显著影响，随着 RCEP 的正式签署，不仅能显著降低该地区内贸易产品的关税，并扩大其减免税产品范围，促进协定缔约方的出口贸易规模进一步扩大，同时也有利于成员国通过增加进口更好地满足其各自的生产和消费需求。同时，在更加统一的原产地规则和区域累积原则下，更多商品将被认定为原产地商品，从而享受减免关税的待遇，并显著降低区域内成员国之间的贸易成本。此外，RCEP 采取的各种有效的海关通关管理措施以及实行货物快速通关措施，将进一步简化海关手续，大大加快了区域内部货物贸易供应链，提高了区域内商品的自由度，促进了贸易便利化。这有利于扩大中国与其他成员国的贸易往来，从而促进对外贸易和经济增长。

2. 产业层面有助于维护中国在全世界产业链的枢纽地位

RCEP 成员国经济结构多样，互补性强，区域内劳动力要素充足，资金、技术等要素齐备，在 RCEP 正式签署后，各区域内的商品贸易、服务贸易和投资领域等各种市场准入门槛逐步降低，原产地规则逐渐统一，海关手续进一步简化，市场开放程度持续提高，将促进各类生产要素自由流动，有助于加强 RCEP 成员国之间的生产分工与经贸合作，促进消费市场的扩张和升级，不仅可以推动区域内产业链、供应链、价值链的进一步融合，也有助于进一步维护中国在全球产业链中的枢纽地位。

一方面，伴随着国际产业转移和重组的步伐加快，全球产业链和价值链逐渐形成了"上下游双环流"的大格局，当前，中国已成为连接发达国家和发展中国家经济产业链和价值链的交汇地，是上下游"共轭环流"式国际分工的核心节点型枢纽国家之一，既为新兴经济体国家提供最终产品，又为发达经济体国家提供原材料和中间商品。同时从 2001 年开始，亚洲地区贸易占世界贸易的比例总体上呈上升趋势。截至2019年底，东盟10国已成为仅次于美国、中国、日本和德国的世界第五大经济体和重要的新兴经济体，随着RCEP区域内关税壁垒的解除，以及成员国对贸易与投资依存度的进一步提高，将有利于中国在东亚区域内的产业链重构，增强中国在东亚地区产业链、供应链和价值链中的核心地位。另一方面，RCEP的正式签署，将为中国与东盟10国开展经济贸易合作提供新的机遇，助推中国产业链条不断上升。根据Wind数据，2019年度中国对东盟10国出口排名前五的产品分别为：机电、音像设备及其零附件（占比38.0%），纺织原料及其制品（占比10.8%），金属及其制品（占比10.5%），化学工业及其相关产品（占比5.6%），矿产品（占比5.2%）；而2019年东盟10国对外出口货物排名前五的产品分别为：机电、音像设备及其零附件（占比37.2%），矿产品（占比10.8%），化学工业及其相关产品（占比5.8%），塑料和橡胶及其制品（占比5.8%），纺织原料及其制品（占比5.6%）。因此，从出口产品类型看，中国与东盟10国之间的出口结构重合度相对较高，如机电设备、纺织品、矿产品和化学工业品等均是主要出口商品，中国应当充分利用RCEP带来的整合功能，利用与东盟10国之间的出口结构重合度相对较高的特点，努力实现中国部分附加值较低的低端产业和中间产品向东南亚国家转移，转向附加值相对较高的高端产品和最终产品出口，从而加快国内产业结构升级，进一步助推中国产业链向中高端跃升。

3. 金融层面有助于进一步推进人民币国际化进程

货币国际化是一国货币功能扩展到国际市场，在对外贸易过程中体现为该国货币在国际贸易中具备计价、交易、结算和储备功能。在货币搜寻理论下，一国对外贸易可以从交易对象、交易规模和交易成本三个方面发挥作用，从而推动国家货币国际化的进程：参与交易的对象和形成的交易网络越广泛，降低交易成本的可能性越大，越有利于该货币的国际化；交易量越大，该国货币用于国际结算的可能性就越大；交易成本是决定国际贸易的重要因素，越低的交易成本，该国货币在国际贸易中的接受程度就越高。这表明，一个国家的对外贸易与这个国家货币在国际贸易中的使用强度密切相关，对外贸易的规模越大、成本越低和交易对象越广泛，这个国家的货币就越有可能成为一种国际货币，这就越有利于本国货币的国际化进程。以此理论为基础，不断扩大中国对外贸易规模，可以有效降低人民币在国际交易和结算中的成本；继续提高外向型经济的开放性，可以提高中国与相关国家之间的贸易关联度，从而促进人民币国际化进程。

根据中国的实际情况，人民币国际化的实践正是从对外贸易结算开始，最初是在跨境贸易和直接投资过程中使用人民币进行结算，中国人民银行与各国中央银行签订了双边本币互换协议，以及大力发展大宗商品交易中人民币的计价货币地位。近年来，随着"一带一路"倡议的提出，"一带一路"沿线国家及周边国家对人民币的实际需求开始加强，通过推动跨境贸易人民币结算，提升中国与周边国家的贸易关联程度，并不断扩大人民币国际市场份额。而 RCEP 的正式签署，将有助于进一步推进人民币国际化进程，体现为：通过 RCEP 协定，以人民币为计价货币，在区域内推进跨境大宗商品交易，强化人民币的计价货币功能；通过不断使用人民币兑换被投资国家货币，利用生产要素流动加强人民币资金流通，加快人民币的交易频率，促进其支付结算和储备功能的增长，放大人民币兑换的乘数效应；在国际贸易和国际投资环节中，积极参与区域价值链、供应链和产业链的融合，不断扩大人民币的实际需求，在国际贸易和国际投资中保持人民币结算强度，扩大结算规模，降低结算成本，扩大人民币结算的集聚效应；人民币贸易投资是通过中国企业在本地开展贸易投资活动，利用制造和技术能力等比较优势，生产更具竞争力的产品，进而通过进口挤占渠道，实现人民币交易的替代效应。

4. 外部环境有利于中国

近年来，中美双边实力的相对变化使美国政府确定中国为其战略竞争者，并对中国采取遏制策略。特朗普政府时期，随着中美贸易摩擦和技术竞争加剧，中美经贸关系恶化，中国面临的外部环境也越发严峻。而拜登政府上台后曾多次表示，中国的发展对美国保持全球领导地位是一个重大挑战。它还意味着压制和阻碍中国发展，成为拜登政府当前对华政策的重要导向。在经贸领域，在继续进行中美经济贸易和关税谈判的基础上，拜登政府主张美国恢复与西方盟友的合作，凭借占据世界第一的 GDP 份额，改变环境、贸易补贴与倾销、劳动力、强制性技术转让和透明度等规则，解决诸如中美知识产权、工业补贴、遵守国际贸易规则等问题。在产业政策和技术竞争领域，在解决美国存在的技术领域问题的基础上，拜登政府将继续推行全面遏制中国先进技术的政策，拉拢西方盟友，为世界范围内的高科技应用制定行业标准，决不允许中国主导世界先进技术和产业发展的情况出现。在规则制定领域，美国政府将恢复其与西方盟友的合作，重新加强其对世贸组织等国际机构的参与，通过改革 WTO 和重塑国际贸易规则等应对中国的贸易政策，继而遏制中国，在双边、多边框架下重新探讨解决中美之间的结构性问题。与特朗普政府以单边主义和保护主义为基础的直接对抗相比，拜登政府可能寻求多边主义方法，团结西方盟友来重新塑造优势地位，并更加强调机制性和长期性的对峙，以达到长期遏制中国的目的。

在双边机制和多边机制下，中国应当高度重视拜登政府对一些领域的规则调整，积极应对美国在知识产权、产业补贴、国际贸易规则等问题上带来的改变。全球化随着特朗普政府主导下进入退潮，区域经济一体化的发展模式成为世界范围内经贸合作的主要形式，在一定程度上，RCEP 具有缓解中美贸易摩擦对中国的不利影响、改善中国外部环境的战略意义：第一，正式签署 RCEP 标志着中国继续开放，加强国际贸易和金融领域的双边合作，以及通过更紧密地发展与成员国的经贸关系，增强自身发展的稳定性，推动技术合作实现区域经济一体化和协同发展的决心；第二，RCEP 成员国目前大多采取"经济依赖中国，安全依赖美国"的策略，正式签署 RCEP 能使中国在亚洲地区的国际政治关系中占有主动权，通过进一步加强与成员国的经贸关系，强化与成员国的政治关系；第三，在奥巴马时代，美国政府提出了"跨太平洋伙伴关系协定"，拜登政府一旦通过改革 WTO 和重塑国际贸易规则来遏制中国收效甚微，就会考虑重新制定 TPP 协议（跨太平洋伙伴关系协定），以达到重返亚太、孤立中国的目的，而 RCEP 的正式签署将促进中国在"双循环"新发展格局下构建外部循环，为内部循环提供外部市场和创造外部需求，扭转被动局面。

三、RCEP 的签署对中国农业的影响和意义

作为以土地、水、牲畜资源为生产对象的农业部门，在中国经济中占有重要地位。对于中国农业而言，RCEP 的签署和未来的生效毫无疑问将带来重大发展机遇。

中国、日本、新西兰、澳大利亚等都是传统的农产品贸易大国，东盟 10 国都是农业资源丰富的国家，是世界重要的稻米、水产品、咖啡、棕榈油等农产品产地。通过 RCEP 庞大的市场、雄厚的资金、先进的技术等有利因素，将促进中国和协定成员国的农业经贸合作，为中国农业带来新的发展机遇。

1. 农产品出口方面

日本、韩国是中国农产品出口最多的国家,分别占到中国出口农产品总额比例的 15.6% 和 6.6%,出口的主要品种为小麦、棉花和糖类。在中日、中韩关系逐渐改善后,这几个品种的出口量将会得到显著增加。同时,东盟 10 国市场的开放将为中国农产品出口带来新的市场机遇。

2. 农产品进口方面

中国最大的农产品进口国是东盟成员国、澳大利亚和新西兰,分别占中国进口农产品总量的 10.3%、7.3% 和 5.1%,主要品种是水产品、蔬菜和水果。RCEP 的签署及其生效,无疑将进一步增加中国对协定国的农产品进口量,在降低进口成本的基础上,优化农产品进口结构。

3. 农业对外投资方面

《中国农业对外投资合作分析报告(2018 年度总篇)》数据显示,近年来,中国农业对外直接投资的增长速度高于全国的增长速度,其中 RCEP 缔约国是中国农业投资的重要地区,新加坡、泰国、新西兰是中国农业投资的主要地区,而投资存量最大的国家是新加坡和澳大利亚。中国与 RCEP 缔约方的农产品贸易和农业投资总体规模不断扩大,而且长期的合作关系较为密切,中国农业在市场、营商环境、资金、技术、人才流动等方面的优势将推动 RCEP 在农业经贸领域的合作朝着更高水平发展。

4. 对中国农业带来的冲击

由于 RCEP 贸易关税减免的减少,一些国家农产品将以非常有竞争力的价格进入中国农产品市场,必然会给某些地区的农产品带来冲击。尤其是以下 RCEP 国家的传统优势产品:日本、澳大利亚、东南亚等国的高端果蔬;澳大利亚、新西兰等国的奶制品、肉制品;东南亚国家的大米、水产品等。上述国家的优势农产品将以极具竞争力的价格进入中国高端农产品消费市场,给中国农产品带来巨大冲击。市场的震荡必然会对中国农产品的质量及服务等多方面提出更高的要求。因此,协定引入的外部市场竞争,将为中国农业产业发展带来更广阔的市场和发展空间,有利于倒逼中国农业发展,有利于重塑区域内农业价值链和产业链,加强农业与协定成员国之间的农业投资、贸易和国际合作。

第五节　RCEP给中国的发展带来的机遇及挑战

RCEP的签署将为中国经济增长和实现双循环发展模式注入新活力，它有利于中国吸引外资、扩大进口、引进急需的技术和服务，也有利于中国扩大对外投资、扩大商品和服务的出口。RCEP还明确规定了共同原产地规则，使不同成员国在不同阶段对RCEP框架内的产品进行加工并统一确认，从而进一步深化区域内产业价值链。因为中国拥有世界上所有工业部门，以及全球最完善的产业链，而RCEP成员国的产业链也相对于世界上其他国家更为完整，RCEP将会消除各成员国之间货物、技术和服务流动的壁垒，使区域内贸易得以繁荣。最终，RCEP将为中国带来良好的外部发展环境，改善中国的外部循环质量。以此为基础，中国可以集中精力发展高端技术，不断扩大国内消费市场，为内循环创造有利条件。

RCEP实施后，中国面临的挑战依然不可避免。当中国打开其他国家的市场时，其他国家的商品也能很方便地进入中国市场，这对中国本土企业是一种威胁。东盟各国加速低端劳动密集型产业转移。以越南、孟加拉国为例，越南适龄劳动力人口占比1.3%，劳动密集型产业出口占比为2.9%；孟加拉国适龄人口占比2.2%，劳动密集型产业出口占比为4.5%。在世界范围内，低端劳动密集型产业转移的形势下，中国应积极加快科技创新的步伐，从低端向中高端发展。同时，防范签署自贸协定对中国比较落后产业的冲击。就服装制造而言，协议签署后，澳大利亚生产的羊毛和东南亚的代工纺织品可以免税进入中国，这必然会给国内原料产地及加工行业带来冲击；而在日本汽车、照相机等产品在关税下降甚至为零之后，一直受到关税政策保护的国内相关行业已经失去了庇护，必须在世界范围内进行竞争。同时，中国也有可能面临着就业危机。在自贸区成立后，中国大量低端制造业可能转移到其他国家，这将对中国底层人口的就业构成威胁。自由贸易区协议签署不易，机遇和挑战共存，中国的未来必须在机遇中迎接挑战，改革创新，以实现自身更高质量、更高水平的发展。

李克强总理在2021年2月3日的国务院常务会议上强调，必须充分认识，加入区域全面经济伙伴关系协定（RCEP），对中国既是机遇，又是挑战。15国达成RCEP有利于成员国共同应对国际环境的不确定性，增进相关国家人民的福祉，对促进中国高水平开放同样具有重要意义。加速实施RCEP，是当前中国扩大开放、进而推动改革的重要抓手。抓住机遇，迎接挑战，推进改革开放，推动产业升级是下一阶段工作的重点。15国达成的RCEP不仅有利于降低享受关税优惠门槛，也将极大促进区域内贸易合作，稳定和强化了区域产业链、供应链；此外，还有一个重要成果，就是规定了区域内的原产地累积规则。"原产地累积"规则，是指在确定产品原产资格时，允许将产品生产中所使用的RCEP其他成员国原产材料视为该产品生产国的原产材料，合并计算原产材料区域价值成分，使得最终产品更加容易达到设定的条件，取得原产资格从而享受优惠关税。这既有利于降低享受关税优惠门槛，又能极大地促进区域内贸易合作，稳定和强化区域产业链、供应链。在国际竞争日益激烈的情况下，如果不敢参与竞争，从制造业大国向制造业强国迈进是无从谈起的。我们既要抓住RCEP落地实施的机遇，又要充分准备，迎接更大的挑战。必须适应协定实施后更加开放环境和竞争更加充分的新形势，加快对标国际先进产业水平，梳理完善中国制造业质量标准、规则等。推动制造业迈向中高端，提高产品质量，增强市场竞争力。除了制造业之外，中国服务业同样面临着对标全面提升标准的挑战。要围绕进一步扩大服务业开放，做好提升标准、完善规则等相关准备。同时要求加强部门协作，对照协定规定抓紧完善国内有关法规和政策，选择重点领域的分行业制定实施方案，并推动成员国加快开展产品特定原产地规则转版、原产地规则实施指引磋商、关税承诺表转换等工作。

参考文献

本刊综合，2021.深化改革开放 促进产业升级 李克强总理详解加入RCEP对我国的机遇和挑战［J］.中国科技产业（2）：3.

杜金富，张红地，王远卓，2021.RCEP对中国的积极意义［J］.中国金融（3）：46-48.

冯迪凡，高雅，［2020-11-15］.全球体量最大自贸区启航！RCEP利好中国稳外资外贸［EB/OL］.https：//baijiahao.baidu.com/s？id=16834376-41370099220&wfr=spider&for=pc.

冯迪凡，高雅，［2021-02-04］.国常会再给RCEP"划重点"，确保协定生效即可落地实施［EB/OL］.https：//baijiahao.baidu.com/s？id=

1690685081823266035&wfr=spider&for=pc.

宫毓雯,2018.自由贸易协定对垂直专业化贸易的影响研究[D].北京:对外经济贸易大学.

韩声江,[2021-02-05].国常会再部署RCEP落地:"原产地累积规则"多项利好明确[EB/OL].http://www.gov.cn/zhengce/2021-02/05/content_5585105.htm.

李春顶,李董林,[2020-11-18].南财快评:RCEP与中国农业发展的机遇[EB/OL].https://m.21jingji.com/article/20201118/herald/ed63a31dccba08516bcc4a912bfa4319_zaker.html.

李馥伊,2019.RCEP将为全球经济注入动力[J].中国投资(中英文)(23):18-19.

李果,2018.越南自由贸易协定及其效应研究[D].厦门:厦门大学.

李晓喻,[2020-11-15].新闻背景:《区域全面经济伙伴关系协定》(RCEP)谈判大事记[EB/OL].https://baijiahao.baidu.com/s?id=1683423528125228278&wfr=spider&for=pc.

刘威,陈继勇,2014.TPP与TCEP的竞争性及对中美亚"三元"贸易的影响研究[J].亚太经济(5):3-7.

刘馨蔚,2021.RCEP签署多行业迎利好[J].中国对外贸易(1):64-65.

鲁颖嘉,2019.区域全面经济伙伴关系协定专利权保护研究[D].沈阳:辽宁大学.

朦眼看世界,[2020-11-23].全球最大的自贸区来了,对中国消费者有何影响[EB/OL].https://baijiahao.baidu.com/s?id=1684129189824674031&wfr=spider&for=pc.

明明,[2020-11-17].RCEP签署的三个重要意义[EB/OL].https://baijiahao.baidu.com/s?id=1683605291690180672&wfr=spider&for=pc.

商务部,[2019-11-04].《区域全面经济伙伴关系协定》(RCEP)第三次领导人会议联合声明[EB/OL].http://www.mofcom.gov.cn/article/ae/ai/201911/20191102909995.shtml.

商务部,[2019-12-04].商务部国际司解读《区域全面经济伙伴关系协定》(RCEP)之二[EB/OL].http://www.gov.cn/xinwen/2020-11/16/content_5561847.htm.

商务部，[2019-12-04].商务部国际司解读《区域全面经济伙伴关系协定》（RCEP）之三［EB/OL］.http：//www.gov.cn/xinwen/2020-11-17/content_5562033.htm.

商务部，[2019-12-04].商务部国际司解读《区域全面经济伙伴关系协定》（RCEP）之一［EB/OL］. http：//www. mofcom. gov. cn/article/i/jyjl/m/202012/20201203020281.shtml.

申雅洁，2021.RCEP 签署对中国在东亚区域经济合作中的影响［J］.现代营销（经营版）（1）：74-77.

佟亚涛，[2020-11-22].专家解读：APEC、亚太自贸区、RCEP、CPTPP 有何关联？［EB/OL］.https：//baijiahao.baidu.com/s？id=1684024435180525479&wfr=spider&for=pc.

王卓伦，于佳欣，郑明达，2020.为区域和全球经济增长注入强劲动力——解读区域全面经济伙伴关系协定（RCEP）签署［J］.珠江水运，518（22）：20-21.

薛坤，2017.加入 RCEP 对中国农产品贸易的影响［D］.泰安：山东农业大学.

薛坤，张吉国，2016.中国与 RCEP 成员国农产品贸易互补性分析［J］.新疆农垦经济（8）：35-42.

杨攻研，谭予婷，2020.RCEP 的起源、内容特征与经济影响评估［J］.日本研究（4）：1-8.

杨晓猛，[2020-12-21].《区域全面经济伙伴关系协定》（RCEP）带来的机遇与挑战［EB/OL］.http：//www.dlxww.com/news/content/2020-12/21/content_2504481.htm.

佚名，2013.区域全面经济伙伴关系协定谈判正式启动［J］.商业研究（2）：73.

佚名，[2020-11-15].中国加入全球最大自贸区，对我国有何重要意义？［EB/OL］.https：//baijiahao.baidu.com/s？id=1683435702419361687&wfr=spider&for=pc.

张利晨，王延庆，郭丽萍，2020.RCEP 对中国农业发展的影响及我省农业产业发展的机遇分析［J］.黑龙江粮食（12）：31-33.

钟山，2020-11-24.开创全球开放合作新局面［N］.人民日报（11）.

第三章 APEC 智慧农业

第一节 智慧农业的内涵

智慧农业（Smart Agriculture）是以信息和知识为核心要素，通过将互联网、物联网、大数据、云计算、人工智能等现代信息技术与农业深度融合，实现农业信息感知、定量决策、智能控制、精准投入、个性化服务的全新的农业生产方式，是农业信息化发展从数字化到网络化再到智能化的高级阶段。其本质内涵在于利用数据信息、知识管理与智能装备，换取对自然资源最大化节约利用的农业可持续发展。

智慧农业有狭义和广义之分，狭义的智慧农业主要指将新兴的物联网、计算机和移动网络融合在一起，基于传感器节点和无线通信网络，将其应用到农业生产现场中，实现农业生产环境的智能感知（环境温湿度、土壤水分、CO_2、图像等）、智能预警、智能分析决策、专家在线指导，给农业生产提供精准种植、养殖等可视化管理和智能决策，实现农业精准、高效、持续、协调、绿色发展，提高农业生产效率，减少农业生产成本。广义的智慧农业则涵盖了从产前资源环境监测、产中农业生产、产后农业服务与产业培育等农业全生命周期的智慧种植、养殖、农产品供应、农业大数据与信息服务融合等新型农业产业业态、服务模式与工程科技。与此同时，智慧农业也是智慧经济的主要组成部分之一，农业中的智慧经济或农业中的智慧经济形态是智慧农业的具体体现。智慧农业对于发展中经济体来讲，是实现智能经济的必由之路，它是发展中经济体消除贫困、改善落后现状，加快经济发展、完成追赶战略的首要途径。

与此同时，在现代社会，智慧农业也是智慧经济（Intellectual Economy）不可或缺的一部分。现实农业生产中，智慧经济以及其表现形式实质上是智慧农业的具体表现。对于一些发展中经济体来说，经济尤其是智能经济的增长离不开智慧农业的发展。智慧农业发展作为这些经济体经济发展、改善或消除贫困的重要手段，在未来将表现得更加明显。简而言之，智慧农业作为智慧经济的重要组成部分，通过结合现代高科技对现代农业生产进行智能化感知和分析，从而实现农业的精准管理。

智慧农业是社会先进科学技术在农业中的应用，一般包括自动监控功能模块、实时监测功能模块和实时成像与录像模块。①自动监控功能模块：该模块通过现代互联网技术，自动获取各种作物的生长信息和周围环境信息。例如，获取空气、土壤、光照、作物营养成分等参数。此外，该模块还能同时收集不同测量点传达的信息，通过无线网络进行接收、存储、显示和实时管理，还能动态分析这些数据，获取完信息后，根据分析结果进行自动调节，如智能灌溉、智能调温、智能施肥、智能打药、智能调节光照等，生成更为直观的图标数据，更好地为客户服务。②实时监测功能模块：该模块实现了农场或园区内信息的自动化监测与控制。在不同地点安装各种传感器和接收设备，每种设备可以采集不同类型的数据，如土壤、空气、光照、作物等参数，然后通过互联网技术进行无线传输，根据每种特定作物的需要和特性进行监测，并实时进行报警。③实时成像与录像模块：该模块的应用是在农业物联网应用的基础上设定的。农业物联网是指整合植物和周围环境、土壤和养分的系统，利用多层次的信息和决策来达到植物最适合的生长环境和田间管理。对于田间管理者来说，单纯获取一些参数和数字并不能指导其及时调整田间管理策略以实现植物最佳生长环境。图像和录像则能提供一种更为简单高效且直观的方式。单纯的数据仅仅能反映出田间的总体情况，例如，水分数据显示植物缺水，提示农户应该进行及时灌溉，但是却不能准确表达在具体哪个位置进行灌溉，这种数据获取的不均性阻碍了精准农业的发展。而图像和视频则可以传达这些信息。例如，一些遥感表型图像数据就可以准确反演出一些田间参数，且能够具体识别出在什么位置。视频录像则可以记录植物随时间变化的长势差异，能提供更为丰富的决策资料，这些都解决了单纯数字参数无法精准提供田间管理决策的问题。

为什么要大力发展智慧农业，主要包括以下几个方面的原因：①智慧农业可以显著改善农业生态环境。在总体农业框架下，耕地、水产养殖地、畜牧业养殖地、水域以及其他生态用地作为一个密不可分的生态系统，物质循环和能量流动是其基本功能。智慧农业通过精确收集田间和环境信息，定量化地指导人们进行合理地田间管理和决策，例如，定量化施肥，而不是粗放型施肥，可以使土壤避免盐碱化。此外，对养殖地的排放物进行净化处理，可避免周围环境的破坏。这些措施可以保证人们的生产活动在生态环境的承受范围内，不至于破坏环境，使得生态系统失衡。②智慧农业可以有效提升农业生产效率。随着现代科学技术的发展，各种精密的传感器被应用到农业领域，这些传感器可以对田间信息进行实时记录和监测，然后通过大数据分析、数据挖掘、深度学习等技术进行分析，可以为农业生产活动提供有效支撑，大大提升农业生产效率。智慧农业技术的发展，可以代替很多劳动力的日常工作，解决了农业劳动力短缺的问题。此外，智慧农业技术还能进行规模化作业，大批量生产，节约利用土地，还能有效提升农业生产应对自然灾害的能力，实现农业生产现代化。③智慧农业可以转变农业生产方式和农业组织体系。不断完善的农业科学技术体系和电子商务网络服务，使得农业从业人员更便捷地获取农业种植技术和管理技术，同时还能实时掌握农产品市场需求信息。这些技术还能集成农业种植、管理、经营，彻底改变传统依靠农业种植经验从事农业生产活动的模式；在观念上，也能逐渐改变农业相关工作者和社会对农业生产活动的认识，农业生产不再是低科技含量、落后的生产行为。当智慧农业发展更为充分的时候，大规模的农业生产活动将越来越多，小农生产被迫转型，大规模的农业组织体系将应运而生。

第二节 典型农业发达经济体智慧农业发展模式

20世纪80年代初，以美国为代表的欧美国家率先开展了以农业专家系统为代表的计算机农业。由于信息技术和智能技术的飞速发展，农作物种植管理、土壤计量公式施肥等农业技术已成为早期智慧农业发展的雏形。到20世纪90年代，"3S"技术（遥感技术、地理信息系统和全球定位系统）、计算机应用得到了较快发展，美国最先将全球卫星定位系统安装在联合收割机上，从而开启了农业机械高科技、智能化先河，国际上以数字农业、精准农业为主要技术应用特征的智慧农业逐渐开始发展。进入21世纪，随着物联网技术在农业中应用产生的海量数据，推动着全球智慧农业进入了以数据为核心要素的新发展阶段。目前智慧农业在世界各国建设发展得如火如荼，智慧农业已成为APEC各主要经济体战略部署以及跨国企业市场布局的制高点。一些起步较早的经济体,在政策支持、科技研发、创新科技应用方面都早已大规模展开并快速发展。

一、美国模式的智慧农业

以美国为例,2017年美国从事农业的人数不到总人口的1%,仅仅约为280万人,但是这并不影响其占据世界粮食出口龙头的位置,其粮食出口量占世界粮食出口总量的34%左右。在农业生产效率方面,早在20世纪40年代的时候美国已经初步完成了机械化农业生产,使得农业生产效率大幅度提高,此外,随着美国计算机技术的迅猛发展,计算机技术专家系统也被应用于农业领域,从而开发了农业专家系统服务于农业。20世纪80年代初期,美国提出了"精准农业"的概念,在随后的几十年里不断加大投入,据统计,美国政府一年在农业数据网络建设、科技推广、行业应用等方面的花费高达十几亿美元。之后,计算机技术的应用越来越广泛,农业资源数据的共享开始在美国推行,农业决策支持系统在大范围内落地实施,美国的农业领域不断增加智能装备,进入一个智能化时代。到目前为止,美国智慧农业涉及的现代科学技术有GPS技术、3S技术、网络化技术、人机协同技术、智能化农机技术、农田遥感监测技术、智能化采摘技术、自动施肥打药技术等,这些技术都被不断运用到精准农业中,使得美国成为世界上精准农业发展最快最强的国家,这种马太效应也进一步促进了美国智慧农业的长足发展。此外,美国以物联网技术为基础的智慧农业生产水平和生产效率也同样在全球处于龙头位置,这皆得益于智慧农业的发展。

美国智慧农业发展模式之一是把"精准农业"作为现代农业生产的核心和方向,同时还以物联网技术作为辅助手段。例如,早在1993年,美国明尼苏达州的两个农场就进行过实验,证明利用GPS技术指导施肥产量比传统的方式提升约30%,不仅产出提高较多,化肥成本也大幅降低。如今,由于物联网科技的帮助,美国的"智慧农业"发展程度已经在全世界名列前茅,与此同时,美国农业生产链条也得到全面升级。通过农业物联网技术和大数据技术,实时对农业生产和经营等数据进行分析,从而快速对农业生产和经营活动进行指导和决策,全过程都为智能化操作。美国的中西部地区,物联网技术在农业生产和种植方面的应用更为广泛,例如,FarmLogs与Cropx公司就是美国智慧农业生产方面的代表性单位,在智慧农业发展和技术应用中发挥着重要作用。其中 Cropx 公司在智慧农业领域研发出了智能灌溉系统，并将该设备成功应用于美国密苏里州中的农场中，该智能灌溉系统利用研发的土壤探测器实现自动获取地形土壤等数据，并和物联网相连接，指导农户进行灌溉决策，节省了大量水资源。继此应用之后，2011 年，该公司又开发了云平台技术，并且在硅谷成立了 FarmLogs 公司，该公司致力于为农户提供更加智能化的田间管理方案和决策，研发了移动掌上农业管理系统，该系统已经成功应用到美国约 15% 的农场中，通过该公司开发的桌面 Web 界面或者移动端 APP，农户可以收到实时的决策指导。

美国智慧农业发展的另外一种模式是通过借助智能化农机技术和信息化技术实现规模化发展。美国农业部数据显示，大部分年销售额超过 25 万美元的美国农场（超过 70%）都会或多或少地利用互联网技术，低于 25 万美元的美国农场中也有超过 41% 的农场会用到互联网技术和农业生产相结合。因为美国有强大的工业体系为支撑，再加上农业生产的智能化设备日渐丰富，将生产、收获等过程智能化，农机的使用效率大幅提升。信息技术在美国农业生产中的应用主要表现为两个方面，其一是运用在作物种植方面，这种应用一般流行于美国西部地区；其二是信息技术与农业生产监测相结合，快速获取植物、土壤和空气等相关数据，并进行数据分析，最终针对不同农情提出不同的决策方式，例如，对不同土壤进行智能化灌溉，通过该技术，既可以节约水资源，又能充分利用水资源。

除了以上技术的应用外，相关人员的素质也得到了大幅提升；科学技术的发展是由人类推进的，要想不断发展和利用新技术，就必须不断提升相关从业人员的整体素质。据调查，20 世纪 90 年代，超过 25 岁的美国农户中超过 2/3 的人具备高中以上学历，这也是美国智慧农业得以快速发展的一个重要原因。美国新农业法指出：2013 年以后，政府将出资 5 000 万美元作为相关农业生产的学校以及相关的社会组织经费，作为专门培养智慧农业型人才的配套费用，供农户学习智慧农业各个领域的生产和经营的知识。此外，美国还以其他方式来提升中等农业教育水平，例如，在夜校让相关人员进行农业培训，尤其对有发展潜力的人员进行单独培训，使其尽可能多地掌握智慧农业相关领域的技能，提升其综合素养。

二、日本模式的智慧农业

相对美国而言，日本的国土面积较小，但是其人口数量却较多，为美国人口的40%左右，人均耕地面积仅为美国的1/17；日本土地十分稀缺，土地价格相对较高，这就决定了日本智慧农业发展模式必须为集约化精耕型智慧农业，采取的办法是把工厂化生产和自动化生产结合起来，以此来弥补农业生产资源方面的不足，从而达到提升农产品产出的目的，满足国内市场的需求。田间农业种植科学技术和相关的农业知识在整个农业生产过程中发挥着极其重要乃至决定性的作用，快速发展的互联网技术则可以实现田间作物种植技术与农业知识的具体化、定量化，从而可以为智慧农业生产提供支撑。

日本十分重视农业物联网技术，早在2004年，日本政府就开始将物联网技术应用于农业领域。具体表现为日本总务省提出了一个名为"U-Japan"的技术方案，其核心是要尽可能地建立起人与人、人与物、物与人以及物与物之间的关系，或者说简单的人或物之间都可以相互联系，即实现人与物的互联网，也就是所说的农业物联网技术。由于农业物联网的快速发展，十年之后，也就是2014年，日本的农业物联网技术已经非常普及，在全国范围内覆盖率超过50%，使得其农业生产力得到大幅度提升，农产品的流通性也得到快速提高，在当时有效解决了因劳动力的缺乏以及从事农业生产人员年龄的不协调等问题。在智慧农业迅速发展的背景下，日本政府还制定了远景目标，即到2020年的时候，进一步提升农业生产力、农业生产效率和农产品的流通性，实现农作物出口额达到1万亿日元，全国农业物联网规模达到580亿~600亿日元，全国3/4以上的农业市场都能普及云技术。此外，日本政府还计划要利用十年的时间，将大数据技术也应用于农业领域，将农业物联网技术作为农业信息的来源，不断推广农用机器人，在2020年实现农用机器人市场超过50亿日元的规模。一直以来，日本从事农业相关生产的人员数量不足，为解决这个问题，2015年12月，PS Solutions公司提出名为"e-kakashi"的计划，也就是农业物联网应用解决方案，又可以称为电子稻草人方案。在日本政府的大力宣传和推广下，日本已经有20多个都、市、县采用了这套方案，并在农业生产中进行应用，即通过物联网技术远程实时监控田间数据，包括空气、土壤、光照、气候等，这些数据通过信息技术教育（Information Technology Education，ITE）进行快速分析并指导农户进行田间管理和决策，协助相关农业生产者和从业人员及时发现更适宜种植作物的最优环境，从而最大可能地提升作物产量。

另外，农业科学技术也受到日本政府的重视。2017年12月，日本农林水产省发布了日本十大农业技术新闻，其中水田自动控制系统排在榜首，该系统通过使用通信技术，运用智能终端对水田进行监控并远程控制排水，这也是日本国内第一个智能系统。目前日本已经研发了更多的智能化农业设施，例如，自动化嫁接设备、自动化控温控湿设备以及育苗播种设备等，这些设备都被应用于农业田间种植和管理决策中，高效地服务于日本农业发展。

在智慧农业领域，日本另一个突出贡献就是智慧温室的研发，在田间种植环境领域，日本率先实现了从人工模拟种植环境到计算机自动控制，随着技术不断发展，适应的品种数量也不断增加，范围不断扩大。在种植技术方面，传统的技术是固体基质栽培，在智慧温室的快速发展后，已经逐步发展为水培乃至雾培。在种植结构方面，传统技术大多是单层种植，现在已经逐步发展为多层立体栽培，光照也从传统的太阳光到目前的人造LED灯源，种植过程中人的手工劳动也逐渐由机器人取代，解放了劳动力，也提升了农业生产力和生产效率。到目前为止，日本是已经拥有全球智慧温室数量最多的国家，占据世界总量的20%以上，其智慧温室技术也处于全球顶尖水平，尤其是人工制造的光源处于领先地位，日本凭借这些优势技术和先进的生产水平，目前已经基本实现高自动化生产水平的农业生产。

除以上技术外，日本政府对信息技术应用于农业生产领域也十分关注。在日本国内，农业研究机构非常多，拥有近30个国家级别、近400个地方级别的农业研究机构，还有近600个地方农业组织，日本政府对这些机构和组织进行了改革优化，实现了这些机构和组织相互连接、互相联网，农业生产者可以根据自己的需求直接查询到近300种农作物的种植要求，既可以按照作物品种查询也能按照区域特点查询，各个机构或者组织互相之间或者和农协、农户之间进行合作交流。此外，农村实用计算机普及的情况也受到日本政府的关注，农民购买相关机器都会有相应的补贴措施，虽然日本农业从业人员有一定的老龄化现象，但是政府也出台了相关政策，对于超过65岁的农业从业人员，单独设计出适合他们使用的用户界面，还配有相应的培训课程，由政府派专人进行指导使用，这一做法使得互联网信息技术在农村范围内得到普遍推广。

三、西欧模式的智慧农业

西欧典型的农业发达国家有英国、法国、德国、荷兰等,其发展数字农业的共同策略都是专注智慧农业,即结合各种数据来源,再加上本国各自强大的工业体系为后盾,在农业生产全产业链中,相对轻松地实现智能化、自动化,以快速发展的科技为阶梯,不断提升农业生产力和生产效率。

1. 法国

与美国和日本相比,在人均占有耕地方面,法国位于两者之间(0.28公顷/人),鉴于欧洲各国的总体经济发展水平,在农业生产方面,法国同时存在劳动力缺乏和人均耕地不足的问题。在法国国内存在一定规模的小农经济,因此想要发展智慧农业,必须深入制度改革。在法国,农田面积相对较小,80%的农田面积都不超过80公顷,因此必须要结合实际情况,发展农业规模化经营的同时要考虑机械化和自动化,同时要结合小农场经营才能有效缓解法国国土面积不足的问题。虽然在人均耕地方面不占优势,但是法国仍然是欧洲第一大农业生产国家,农业总产值超过欧盟的1/5,其农产品的出口量也长期以来排在欧洲第一位,除此之外,在农业食品出口方面,法国在全球排名第二。这都得益于其自身优越的农业生产环境,适合多种农作物的生长,目前,法国的农业专业化水平以及科技化水平都居于世界前列,农业产出量和产出率都非常高。

法国的智慧农业发展模式为结合信息化和智能化的精准农业生产方式。通过结合大数据,农业生产力得到很大的提升。凭借自身优越的工业发展背景,不断推广工业反哺农业的模式,加速农业生产朝着智能化和自动化的方向推进,不断实现精准农业生产。再者,法国在日常的农业生产中不断加入信息化的元素,经过长时间的发展,目前已经建立了非常完善的农业信息数据库,这个数据库涵盖了非常多的农业相关信息,政府和农业部门及时地将获取的信息进行发布和更新。该数据库涵盖许多个农业方向,如畜牧业、养殖业、渔业、种植业等,还包括各种加工农产品,这样就基本建立起了较为完备的农业信息数据系统。通过法国政府的帮助和推广,每个农户可以直接上网获取各种各样的农业信息,各种专业性的农业组织也会通过收费的方式提供更多更为精细化的农业生产信息,农民根据获取的信息及时地调整或者改变种植方式或农产品的种类等,实现更高的产出和更高的效率。

2. 德国

目前,德国一个农民能养活 144 个人,养人能力增长了 3 倍左右,但是,在全世界需求来看,一个农民最少需要养活 200 个人。因此,农业领域的新技术亟须发展,才能有望解决全球粮食安全问题。虽然德国的农业机械化水平较高,但是在一些农村地区,尤其是偏远地区,网络通信较差,网络安全性也不足,因此,阻碍了农业互联网的进一步发展。德国本身有较强的工业基础,尤其在"工业 4.0"的基础上进一步发展数字农业,并且需要结合当前的先进科技,例如,大数据、物联网、云计算等,实时获取农田作物以及环境参数,如土壤水分、温度等,再将这些数据进行云平台分析,最后将分析结果精准地用于指导农田管理。

首先,德国很重视将农业新技术与数字化进行融合,以此来提升生产效率,帮助农民更好生产。在资金方面,政府全面支持农业技术的开发与创新,鼓励大型相关企业带头开发"数字农业"技术。数据表明,2016 年,德国在农业新技术研发方面的花销达 54 亿欧元左右。在一次电信通信展览会上,SAP 公司展示了"数字农业"的应用案例,可以实现将多种田间信息及时呈现并且可视化,例如,农田作物种类、光照情况、土壤养分情况可视化等,农民可以此为基础,随时根据数据结果进行田间措施调整来增加生产收入。

其次,德国重视对智能化生产体系建设的互联网机械一体化。在德国,现在大多数的大型农业机械基本上均是由 GPS 控制进行精准作业。农户仅仅通过简单地控制 GPS,就能智能化地控制许多设备,实时地调整和控制田间管理决策,实现精准农业。例如,德国克拉斯公司和电信联合起来,在应用传感器技术的基础上,运用 4G 技术把各种机械之间的交流与互通方式的通道打开,这个过程以大数据和云技术保证数据的安全性,从而完成智能化生产。再例如,德国在 2014 年还开发了一套奶牛养殖监控技术,通过各种仪器设备,如温度监控器、传感器等远程获取奶牛的生长信息和营养需求等,甚至能精确地掌握奶牛的受孕和繁衍时间,不需要现场查看就能在手机上监测整个养殖场的情况。

3. 荷兰

荷兰是西欧一个很小的国家,领土面积只有 4 万多千米^2,可使用的陆地面积仅有 3 万多千米^2。不论是国家总面积还是人口数量,荷兰都没有优势,但是荷兰的农业产值却占据全球的 1/10 左右。荷兰许多农产品产量都在全球范围内遥遥领先,甚至像马铃薯、奶酪的品质等都是全球佼佼者。究其原因,主要有两方面,一是先进的农业设施,其次是发达的相关农业技术。在全球范围内,荷兰的无土栽培技术居世界前列。目前,荷兰使用无土栽培技术的农业园超过九成,农户可以根据田间获取的作物信息,进行大数据分析,分析的结果可以直接反映作物在不同时期的营养需求和环境变化,生产者可以实时地控制和调整这些环境因素,使得农作物一直处于最适宜的生长环境,从而获得更高的产业输出。除此以外,荷兰的农业生产使用精准化供水系统。生产者通过这些系统,根据作物不同时期对水的需求进行最适宜的供水,每天光照变换,供水量也能随之改变,这样的精准化供水,既保证了作物生长必要的水分补给,又能避免因为过度灌溉造成的水资源浪费。荷兰的雨水收集系统也是全球领先的,荷兰年均降水量大约是800毫米,年内的降水量也比较均匀,有利于农户利用这方面的优势进行雨水收集,雨水收集系统在荷兰的农业园几乎百分百覆盖,每年靠此系统收集的雨水能达到全年作物种植耗水量的50%。荷兰的农业生产还运用了循环灌溉的技术,他们用岩棉作为作物的培养基质,通常会先进行过量灌溉,以此保障作物有充足的养分供给,岩棉基质的营养液能回流约2/5,大多数农业园都是用封闭式的灌溉进行养分浇灌,回流后的营养液在消毒后再次利用,这样不论是水分还是养分,都能确保最高效率的吸收,实现高达90%的循环使用结果。

4. 英国

在英国,为了实现智慧农业的快速发展,从而推动农业产业的发展,英国利益相关者使用了大数据、市场信息以及IT等技术。这些技术将农业涉及的子领域和产业链进行完美融合,在数据分析、计算机技术、建模技术等支撑下,整个国家的农业生产效率得到显著提高。

不断研发农业相关技术在英国智慧农业发展过程中起到了非常关键的作用。首先,英国政府早在2013年就提出了"农业技术战略",即通过融合IT和大数据技术发展农业。在未来,大数据将深刻影响农业的发展以及农业市场的运行,同时也将大幅度提高农业产业的输出,包括各种农作物的产量、养殖业的产出值等信息,未来农业的发展方向必定是结合农业大数据进行分析,以更加科学的方式向前发展。

其次,英国农业的机械化水平很高,这种优势体现在机械设备的完备和先进性,与这些设备相关的技术也很同步且先进,因此,在全球范围内,英国的机械化也处于前列。研究表明，在英国运用很普遍的割草机、播种机等农业生产方面的机械中，其动力牵引拖拉机每台的功率大约是100千瓦，大型的联合收割机平均每小时可以收割4公顷的田地。从作物的播种到成熟收获，每个生产过程都基本实现了机械化操作。在种植蔬菜的农场中，高机械化水平体现在种子播种、打药、肥料使用、杂草去除、成熟收割或者收获等过程，都是机械化操作。此外，养殖场里，从饲料制作、食物投放、疾病治疗，到产品加工制作、甚至粪便清除、环境消毒等过程也是机器操作。这样先进的机械化，既能促进生产的扩大化，也能驱使技术的应用和创新。

再次，英国的智慧农业是综合利用各项先进的技术。英国的智慧农业是将顶端科研教育、政府的政策扶持以及精准农业等各种优势相结合，发展成为拥有先进农业技术。在英国，将近20%的农场运用精准实施技术开展农业生产活动，通过运用GPS，以高精度的方式进行作物的播种、除草、收割等生产过程。此外，农户或农业公司还借助于遥感技术，获取土壤等方面的作物信息数据，依此实行精准化的农业生产，灵活调整不同时期的施肥量。此外，还可以凭借田间交通管理系统，实现误差小于2.5厘米的机械化农田作业生产路线控制，最大程度上减少了机械化作业时机器对作物的损毁，还能减少生产资源的浪费，最终实现高效率的农业生产。

最后，通过各种方式促进农民职业化，英国目前出现了越来越多的新型职业农民，主要是各种职业经理人和农场主的角色，经过不同方式的职业培训，他们掌握了不同的技能，拥有相关的职业资格证书，可以对原料等进行鉴别，种植及养殖技术已经达到一定水准。例如，Dunsden Green Farm 农场，其总体面积约为1 000公顷，却仅由一个职业经理人和两名工人来管理，他们的工作包括田间物品采购、田间日常事务处理、市场调研和产品销售等。在英国，农民属于中高收入阶层，且该职业在社会中得到普遍的认可和尊重，已经被认为是一种体面的职业类型。

四、以色列模式的智慧农业

以色列在智慧农业生产领域较为领先，人均耕地面积仅有0.057 5公顷，农业生产毫无优势可言，即便如此，以色列的粮食自给率却很高，几乎可以达到100%。与以色列刚建国的时候相比，农业生产总值已经增长了16倍，以农业生产为主的劳动力也从初期的5%降低为后期的3%，这就意味着，在以色列，每个农业生产者可以养活150多个国民。以色列的农业生产总值在全国生产总值中占比也高达5%，其农产品的出口额占全部商品出口总额的5.6%。以色列被称为欧洲人的果园、菜园和花园，每年都会将大量高档农产品输出到欧洲各个国家。以色列以宏观经济发展研究为依托，将大量技术投入农业生产中去，通过优化农业基础设施，实现智慧化的农业生产。

以色列农业快速发展的一项重要支撑是其准确的灌溉技术。以色列当地可以用来耕种的农用地面积仅占其总体面积的1/5，其中过半的农田都需要采用灌溉的方式进行种植，所以以色列的农田灌溉需求量非常大，这也驱使着灌溉技术的快速发展。精准灌溉技术在以色列随处可见，无论是温室大棚、基础农田、还是马路边的植物绿化，都通过细长的管道相连接，水被精准的浇灌到植物根部。而根部是植物营养输送和吸收的主要部位，这种高效率的灌溉技术不仅节水节肥，而且浇灌精准。以色列地处缺水地区，其用水价格十分昂贵，虽然农业用水价格在该国已经处于低位水平，但仍然达2美元/米^3；而且用水量还有额度限制，超过一定额度，价格可能更高。因此，节约用水、高效率用水、废水再利用等技术都是普遍应用的技术。

以色列将IT技术融入各种生产设备中。以色列地势平坦，天然有利于实现大型机械化生产。以色列的专家将IT结合到农机中去，开发出适宜本国农业生产的重型生产机械，通过这种技术，一方面能实现机械化生产，另一方面还能把施肥与生产过程相结合，很大程度上实现了农业生产的自动化，拥有较高的生产效率。此外，凭借以色列独具特色的农业机械也实现了劳动力密集型生产的机械化，例如，摘棉花、摘水果等都使用了机械。计算机自动化已经在以色列的温室大棚种植业、养殖业中得到广泛运用，并且可以节约大量水资源，而这些研发设备，也给以色列带来可观的利润。

以色列注重科技、促进农业发展，农业技术在农业生产中的贡献率高达九成，在全世界范围内也处于领先水平。以色列政府在农业科技中的投入非常大，每年的投入超过1亿美元，占据了农业产值的3%。农业生产和农业研发相互促进，科技带动了农业的发展，农业生产的利润也反哺到农业科技建设中，此外，以色列政府还不断激励和推广农业新技术。从种子到种植再到浇灌收割等每个生产过程，都寻求收益的最大化，将全生产过程发展成为科技密集型的产业链，高度专业化分工。大棚技术在以色列应用十分广泛，不同的种植目的可以设计出不同的温室大棚，温室大棚技术结合计算机、自动化、滴灌等技术,实现智能化。以色列光照条件较好,运用这一优势,每年都会向英国提供大量花卉育苗;以色列尽可能利用光照,提升光合效率,银色地膜在温室中被大量使用,以此提升光能利用率。

第三节 智慧农业发展的共性分析

人类社会正在经历信息革命,信息数据是基础性战略资源,数字经济是现代经济发展的新动能。以新一代信息技术为代表的颠覆性技术正深刻影响着各国的产业发展格局。各国在探索智慧农业的过程中,将人工智能、大数据、3S、物联网、高端智能农机装备制造等技术在农业生产、经营、加工、销售等环节不断应用,推动了农业向智能化、可持续方向发展。从典型农业发达经济体为促进智慧农业发展所采取的措施来看,并不完全一致,但经验具有一定程度的一致性。

一、政府干预促进智慧农业发展

APEC 经济体十分重视农业领域人工智能、大数据、移动互联网等前沿技术研发创新支持,制定了一系列智慧农业整体战略,引导农业和企业相互合作,在技术开发资金、政策、法律等方面给予充分的保障和支持,例如,美国在《国家人工智能研发战略计划》中将农业作为十五个人工智能应用领域之一,并计划资助农业人工智能科技的中长期研发。美国农业部制定了《2018—2022 年的战略规划》,强化数据驱动决策管理农业。澳大利亚发布了《澳大利亚农业 4.0 计划》,提出数字技术是实现农业 4.0 的关键。日本政府推行工业对农业的反哺政策,让农业迅速步入现代化轨道,2019 年先后颁布《农业领域普及小型无人机计划》《农业新技术推广计划》,提出要积极推广无人机、机器人、环境监测与控制、牲畜管理、生产经营管理等农业新技术,到 2022 年,一半以上水稻、小麦和大豆种植区域引入无人机喷洒农业,以节省劳动力,提高生产力。APEC 以外的以色列政府每年财政计划划拨大量资金扶持促进农业发展,通过开垦荒地、建设全国水利工程,提高了机械化水平,实现了农业的伟大开端。为了实现对有限土地的有效利用,荷兰政府根据本国国情和气候特点,采取了农业发展战略和政策,减少了对光照需求高和低价粮食作物的生产,充分利用了平坦地形和丰硕的饲料资源,大力发展畜牧业、乳品业和高附加值园艺作物，采取信贷政策和补充措施，制定政策，鼓励发展和工业关键领域相关的"快速智慧农业增长"。法国 2015 年颁布了《农业创新 2025 计划》，提出要设置包括数字农业、农业机器人在内的 30 个具有竞争力的农业项目。

二、注重智慧农业相关技术的研发

传统农业主要通过简单、孤立的机械设备来进行作业，缺乏沟通能力和信息的分析，完全依靠人力资源监测作物在不同阶段的生长情况。而智慧农业利用遥感、无人机、物联网等技术手段获取影像数据，通过大数据、云计算和人工智能等技术的融合进行决策分析，用数据来驱动农业机械和装备。农业发达经济体根据自身需要，发展和创造不同的农业科技研发体系结构，以适应自身智能农业的发展，他们的农业科技研发体系由多种学科组成。但是，大学和农业科技研发机构是研究的主体，政府是研究开发的主要管理者和推动者，企业的重要性在不同经济体之间存在一定的差异性。农业利益相关者与主要研发机构密切合作，加强农业生产过程中的核心研发和推广，提高农业生产效率。

三、注重智慧农业相关基础设施建设

全球各个国家和地区根据自身实际，采取不同措施推动农业基础设施的建设，如荷兰，主攻无土栽培技术，而日本推行温室大棚种植技术，以色列则对土壤成分进行控制，共同目标都是提升作物产量。美国、德国等工业比较发达的国家，借助自身的工业优势，施行工业反哺农业的政策，积极研发创造各种农业生产设备，并将其与计算机互联网、大数据、云平台等先进技术相融合，最终实现自动化和智能化农业生产，将生产运行进行系统化管理。

四、积极培养智慧农业相关人才

不论是信息化还是机械的智能化，农业发展的核心技术都是在人的研发基础上实现的，而把先进技术、机器与实际生产相结合，也需要专业人才，所以在农业生产智能化的过程中，既要有传统的农民生产技术，又要把新技术、新器械融合进来。农业发达的经济体都有相应的人才战略，注重对涉农的高素质人才的培养，对中年农户采取培训和教育的方式，拓宽他们对农业生产新鲜事物的接受力，对在学校接受教育的人群采取直接教学的方式，对有发展空间的年轻人进行专业培养，他们可以短时间内快速掌握各种涉农设施的操作，并且具有较高的农业职业素质。由此不难看出农业科技和生产者的受教育水平存在一定关联性。

第四节 中国智慧农业发展历程和现状

自新中国成立到目前全面建设小康社会，中国的发展目标之一就是乡村振兴，因此中国政府近年来出台了一系列相关政策，2010—2017 年，中国政府加大了对农业现代化建设的财政支持力度。党的十八大以后，农业生产和农业科技发展取得了长足进展，2012 年，中国农业科技进步贡献仅增长了 4%，到 2017 年贡献率近 60%；在这期间，中国成立了 4 个国家级示范区，此外，246 个国家农业科技园区也得以成立，促进了农业新兴技术的全面发展。中国还开展了全面的精准扶贫，县域的农业技术创新也得到全面发展，中国从中西部 23 个省份中遴选出相关科技人才 6 万多人，培养出相关企业家将近 1 万人。"星创天地"项目培训了近 300 万创业人员和 1 万余家孵化企业，此外还有超过 1 万个农村创新企业，同时，还搭建了近 900 个网络新平台。2020 年，乡村振兴工作取得骄人成绩，成功实现了农业科学技术发展对农业增长贡献率超过 60% 的目标，中国农业科技创新实力已经达到国际先进水平。

现代农业的发展方向和成功经验都指向智慧农业，智慧农业的核心则是智能农业。中国当前在智能农业领域的发展还处在初级阶段，但在某些方面已经取得了较大的进步，例如，温室大棚技术和水产养殖技术。

一、政府大力支持智能农业的发展

农业现代化，主要体现在生产环节的现代化，为了实现小康社会的全面建设和人民幸福，加速农村的发展，实现现代化的农业生产，政府出台了一系列相关政策，来激励农业生产向智能方向的发展。2015 年，国务院发布了《关于积极推进"互联网+行动"的指导意见》，提出互联网技术不仅仅要在消费领域进行应用，还要向生产领域甚至是其他领域进行迁移，从而加快各行各业的发展。农业发展主要体现在两个方面。一是要不断发展精准农业，建立起一批可复制的成熟的农业物联网模式；基础较好的地区，促进农业和计算机综合系统建设，这个系统具备计算机自动控制功能、田间作物生产自动监测功能和环境信息参数自动获取功能。在普适性强的农产品生产区域，建立起农业物联网综合监测系统，实现智能节水和测土配方施肥。二是进行精确的操作，比如把农业机械的作业实行定位化控制，把饲料进行精准分配、自动识别疾病、废物回收利用等智能化设备，在规范化的畜禽养殖基地或是水产养殖基地进行推广。

二、大数据在农业领域的应用不断深化

大数据技术在农业领域的应用是农业生产活动不断向智能化、自动化方向发展的基础。整个农业生产的过程会受到诸如气候、种植的土壤类型、各种病虫灾害、不可避免的人类活动等各种各样复杂因素的影响。除此以外，中国的农业生产受历史原因等各种因素的影响，形成了集中度较低、小规模、小范围生产的现状，作物的产量极不稳定，生产过程的可控性也较差。通过运用大数据技术，可以对农作物进行实时监测，且能够及时对作物的生长状况以及水产品的生长状态进行分析，从而使施肥更高效，灌溉更科学，在此基础上，还能对产量进行准确的估算。因为对农业生产大环境进行了提前分析预测，所以再生产过程中就能及时避免自然因素造成的减产现象，对农业生产相关的决策起到一定的辅助作用，从而实现高效率的农业生产。借助智能化的生产设备，农民和技术专家可以实时监测作物生长的空气状况、土壤的养分含量变化等重要信息，对这些数据进行分析后，准确判断是否应该及时补充水分、是否需要补充养分或者是否需要进行生产环节的调整，使生产环境处于最优状态。

据统计，截至 2016 年上半年，中国的网民数量超过了 7 亿，计算机使用率超过了总人口的 50%，其中农业生产相关的网民约有 2 亿人。报告显示，截至 2015 年，中国信息社会指数仅为 0.44，在世界范围内排名将近 100，在 2020 年，该指数已经突破 0.6，标志着中国已经基本进入了信息社会。2015 年 12 月，中央政府在相关文件中明确指出到 2017 年底，建立起各地区之间的、各部门之间的农业数据共享体系，并且对共享的农业数据进行了初步圈定，实现把农业农村部和地方农业行政单位结合起来的发展举措。2018 年底，实现"金农工程"信息系统等农业信息系统中的农业数据在统一的平台上进

行共享和交换。预计到 2025 年，将要初步结合农业的产业、价值和供应等，进一步促进农业领域的自动化、协同化、全面化、精准化、高效化，最终建立起中国农业领域的数据系统。

三、智能农业科技企业不断发展

农业产业的发展一方面需要政府的支持，另一方面也会被相关农业科技企业发展所影响。随着中国农业大数据的不断发展和完善，科技型企业不断崛起，引领着农业生产企业也不断向科技化方向发展。越来越多的农业科技企业成功利用计算机物联网和大数据技术对生产过程进行优化，实现生产的自动化和智能化。许多企业通过研发智能监测系统，服务于温室大棚或是田间育种等。一些企业通过制造自动监控仪器、环境监测仪器、各种功能的传感器、数据自动获取仪器、各类监控软件和数据传输系统等软硬件，对水产养殖实现实时监控，对种植环境因子数据也实时监测，以此得到最佳养殖和种植数据，提高生产效率，典型案例如物联网温室环境智能监测系统，可以对光照条件、气温条件、降水条件、空气条件等进行动态监测，并将数据传输到处理系统，实现对温室相关环境的监测，处理系统经过数据分析，将结果进行可视化，在显示器端可以实时查看监测结果，农户基于此信息进行措施调整，控制作物生长条件，既节约人力物力，又提高了生产效率。

四、中国智慧农业发展的影响因素分析

1. 政府扶持政策

细数美国实施的科技农业、法国施行的大数据农业、德国施行的数字农业和日本的精准农业，都是在政府的宏观引导之下开展的，既出台相关扶持政策，又提供大量资金支持，而且还制定法律法规为智慧农业奠基铺路。

近年来，中国的智慧农业产业也取得了一定的进展，这与政府层面的顶层设计密不可分。随着相关政策的不断完善，中国的农业生产也在逐步实现现代化。中共中央、国务院出台的《关于坚持农业农村优先发展做好"三农"工作的若干意见》文件，这是中央连续 16 年在中央一号文件中关注"三农"问题，文件指出农业现代化发展的目标就是智慧农业。政府对农业生产的投入逐年递增，以此来提高农业生产水平，中国的农业生产能走向智慧化，政府的支持不容忽视。

2. 耕地集中程度和农业机械化水平

农业智能化生产的第一步是农业生产的机械化。中国农业生产的机械化对提升农业生产率、土地利用率等都有重要影响，为保障中国的粮食安全做出了巨大贡献。从农业较为发达经济体的共性可以发现，这些经济体的耕地都十分集中，其较高的机械化水平都建立在这个基础之上，而中国目前对土地的利用较为分散，土地分布较为破碎，在一定程度上会影响中国智慧农业的发展。

中国农村的农业生产施行的是传统的家庭联产承包责任制，农业生产的地块大多都是零散分布，并且是小型的农民经营，并没有进行大规模集中化生产的基础，这在一定程度上妨碍了农业现代化设备的进驻。对于一般的生产经营者来说，这些高科技产品需要较高的成本，且不易操作，更重要的是不借助这些工具也能进行正常生产。如果将这些散户进行整合，实施集中化管理、规模化种植，通过应用机械设备就能在很大程度上提升智能化水平，并且极大提高生产效率。

另外，由于区域环境的地域性差异，机械化程度也不统一。华北、东北以及新疆等粮食主产区已经实现了机械化综合生产。农户在小麦、大豆、玉米等作物的生产收割时已经熟练应用专业机械，华中、关中地区大多数农户拥有小型收割机、拖拉机，这也是当前中国最常见的农业生产形式。一些较为偏远的生产地区，仍然是半机械化半农耕的农业生产阶段，依旧需要借助畜力甚至人力进行耕作。2018年举办的"智慧农业和生物机器人联合国际会议"中，相关数据显示，2016年，中国农作物种植收获已经达到65.2%的综合机械化水平，但是存在较大的地区差异，各地发展很不平衡，各区农业生产机械化的阶段性差异较大，所以，当前中国还处于农业机械化普及以及信息技术综合运用的提升阶段，还有很大的发展空间，要实现农业机械的科技化和精细化，仍有很长的路要走，物联网技术的推广和发展也将受此影响。

3. 农业生产基础设施

农业智能化生产与相关的设备设施、软件系统等都息息相关，当前市面上的农业物联网产品大多是经过长期开发和研制形成的，人力物力投入量较大，因此价格昂贵，此外，这些设施设备和系统软件等在售后服务中同样需要支付不小的成本，这些对于当前从事农业生产的农户来说是一笔很大的开支。2015年，中国农村人均可支配收入是11 000多元，在2017年至2021年间的平均增速约为9.6%，其增速超过GDP增长速度，已经连续持续五年。表面上看，虽然人均可支配收入在逐年增加，可相对于互联网等昂贵的设备，农民的收入仍然不足以支付购买新的设备，例如，大疆MG-1八旋翼无人机，该设备可用于大面积大田作业，可载重10千克，每小时可以作业面积达50亩（1亩约为667米^2）左右，作业效率是人工的50倍，工作效率非常高，而且轻便快捷，虽然该无人机有诸多优势，但每台无人机的价格超过5万元，已经远远超过了农民的年平均可支配收入。单纯考虑购买力，大多数农民无法承受此价格，所以这些科技产品就面临着无形的市场壁垒，要想通过规模化应用来实现信息化、机械化难度非常大。

另外，中国现行的是家庭联产承包责任制的土地政策，这就导致多数农业生产用地零散分布，如果在这样的零星分布土地上去应用智能化的生产设备，单位面积的成本就相对较高，从而导致生产成本远高于非智能化生产的成本，效益也会相应减小，这也限制了中国农业生产的智能化发展。

4. 农业相关从业人员文化程度

农业智能化生产大多数要依托高科技、大数据、计算机、智能化生产设备，需要生产者娴熟掌握，这就要求生产者主动学习、加强训练，把学到的生产、操作运用到实际生产中去，所以，农业生产的从业人员也需要较高的知识水平，以此来推动农业智能化发展。

据调查显示，2017年，中国约有3亿农民工，这些人中拥有初中以上文化程度的仅有30%，没有接受过农业或者非农职业技能培训的群体将近70%，而这两项培训都参加过的农民工群体仅仅占7%左右。由此可见，中国的农民工知识水平不高，甚至偏低。这还是城镇化不断扩张影响下从农村走出来的农民，他们的文化素养仍然难以提升，由于农村产业结构调整过程中缺乏科学严谨的指导，农村中文化程度最高的一群人离开农村进城务工，农村的劳动力大量流失。智能化农业生产需要综合运用各种资源，不仅是对劳动力的合理分配，更需要对先进技术及时掌握，能实时分析各种生产资料和生产数据，不是过度依赖简单的生产设备。具有主观判断能力的人才是掌握所有科学技术的关键所在，只有从事生产的人员才能把所有生产要素进行合理配置，所以农业生产者的知识文化水平很重要，这也影响他们对新生事物的学习能力。

5. 农业科研体系和科技推广

农业发达经济体的农业科研成果转化率为65%~80%，而中国的农业科研成果转化率只有大概30%，其中很重要的一个原因就是当前各方面的支持力度较为缺乏，同时，中国农业科研推广体系还不是很完善，科技成果转化率一直偏低，所以农业科研的成果较难应用在农业生产建设中。

中国农业科研体系需要进一步合理分工，相关部门以及科研机构都需要科学分工、加强合作，且科研机构之间的沟通渠道有待改进，许多农业相关科研机构常在同一个领域的小课题上重复工作，未能将科研能力整合去突破较为突出的农业"卡脖子"难题，资源浪费较为普遍。由于缺乏统一的管理和协调，科研人员和农户需求之间存在脱节现象，科研人员往往希望有突破性科研成果面世，但是农业生产者可能对这些产品或技术的需求不大，这样就使得供需失衡，这也是为什么当前中国很多农业生产技术的标准参数不能通过大规模的生产数据来完善。并且，多数科研成果缺乏实践应用，难以检验其准确度，导致很多成果的整体精确度相对较低，使科研成果难以转化成功。

第五节　促进智慧农业发展的建议

随着社会的不断发展，各行各业相关技术不断成熟，中国的智慧农业也会从初期的探索阶段，逐步走向成熟化，最后实现像其他发达经济体达到的水平。在此期间，中国应该因地制宜，结合内部实际情况，将资源合理整合，制定出具有中国特色的智慧农业发展模式，发展中国特有的智慧农业。

一、坚持劳动密集和技术密集型农业发展并行

中国传统的农业生产是以劳动密集型为主，要实现中国特色的社会主义农业发展道路，就要把前者与科学技术紧密结合。中国是农业生产大国，劳动力基数较大，即便是目前城镇化快速发展、大量剩余劳动力向城市流动的阶段，在农村从事农业生产的人口数量仍然可观，所以实现农业生产智能化，还需要解决一个无法回避的问题，既要想办法提升农业生产水平，提高生产效率，又要最大程度减少农村剩余劳动力的资源浪费，不能因为智能化引起大量劳动力失业。

智能化农业生产的兴起是从传统的农业发展演变而来的，因此一些传统农业生产的特点仍会传承。中国国土辽阔，各地资源千差万别，不能只借鉴某个发达经济体的智慧农业生产经验，去简单地复制拷贝，进行智能化机械作

业，这样不但会增加单位面积的生产成本，背离最终目标，还可能会导致许多农民或者从事农业的人失去工作，从而增加社会的不稳定因素。中国需要因地制宜，打造出适合中国国情的智能农业生产方式。在以农业为主的省份，可以通过土地流转的方式，将土地集中，便于实现大规模机械种植的平原地区进行计划生产，不断向全面智能化生产靠近。另外可以有针对性地开展山区、经济欠发达地区智慧农业基础设施建设，打好基础，提升农业机械设备的适应能力。成立大型的农业生产合作社，对生产资料集中收管使用，生产设备等资源的共享，降低单位生产成本，借此推动农业生产智能化。

二、加大政府支持力度

强化政府的宏观调控职能，不论是中央政府还是地方政府，都要发挥政府政策制定和资金扶持作用。加强对农业科研体系的人力物力投入，建立起有组织、有安排的统一的农业科研体系。进一步组织好农业科研单位、农户以及农业生产公司之间的关系，增强交流、创新和合作，合理配置资源，减少重复性的无效或者低效的工作，提升创新能力，在此基础上尽可能全面地快速发展与智能农业相关的科学技术。改变现有的农业技术宣传模式和推广体系，建立更多的互联网交流平台，不断完善农业信息大数据，及时沟通农户和科研单位以及农业企业的供需要求，不断提升数字化管理，真正地将科研和实践相结合，并在实践中检验科学技术，提高科研成果的实际应用效果，将农业科技和生产有效结合。

加快政府对智慧农业的生产布局，要实现全面、协调发展，实现农业科技供与需的均衡发展。因为政府并不是最终的生产用户，所以对具体的需求也难以把握，所以在有研发机构或是企业进行技术开发决策或系统研究时，政府应当进行有效的双向引导，将用户需求及时反馈给研发者，据此开发技术决策系统，使科技向生产有效转化。且在技术推广的过程中要东、西部兼顾，对于欠发达地区要加强宣传，注重现有技术推广，实现全地区智慧农业全面均衡发展。

三、不断增加专业技术人才的培养

不断研发智慧农业生产所需的各种核心技术，增加对专业人才的培养，实现技术和人才同步发展。农业信息核心技术的研发面对的不单是农业的智能化生产，而是面对农业智慧化生产的全产业链，是一个整体，可从以下三个方面来实现：首先，是物物智能化通信，即连通各种相关硬件和设施设备，需要在通信等核心领域加大投入力度，研发最佳的硬件设施和软件系统，从而更快地实现全面智能生产；其次，是人物交互，即实现人机和谐交流、顺畅地交互信息，通过计算机控制等技术，对各种硬件设备进行精准控制，实时监控生产过程，利用大数据技术分析收集到的各类数据，在此基础上得到最优化生产方案。最后是数据共享，即采用物联网、云技术等存储和传输大数据分析结果，让更多的农户可以受益，实现过程共建、结果共享。

专业的人力资源对农业智能化生产至关重要。一是要不断建立和完善智能农业方面的基础教育设施，根据农村已有的中小学教育，广泛地传播农业专业技术等生产知识，加强农业专业教育；二是可以用技术培训的方式，把智能农业生产的相关技术全面推广，实现政府主导、各农业相关单位和组织等主动参与的多元化人力资源培养体系，致力于培养农业领域的高素质人才。2017年，中国政府投入15亿元培养百万人的现代化农业生产所需要的新型农民。经过专门培训后，掌握现代化生产技术和营销理念的新型职业农业生产者已有1 400万人，预计随着时间推移，数量还会不断增加，这些经过培训的人员将会是现代化农业发展的主力军。但是中国新型农民的需求巨大，这仍不能满足于市场需求，还是需要加大力度培育新型农民，结合各地生产特色，从新型农民的培养方式和培养方向上进行针对性的培训，帮助他们把学到的专业生产知识快速运用到智能农业生产上面去，进而实现提升农业生产效率的目的，发挥出农业智能化生产的最大功效。

四、继续完善农业信息

一是要建立并且不断完善数字化的农业生产，快速建立起完备的农业生产大数据库，并且要共享这些农业生产信息。信息化农业生产是未来农业的发展方向，也是中国必须要实现的目标。要加快各个领域在农业中的渗透和应用，例如，农业生产过程要不断智能化和自动化，信息管理要系统化和数字化，经营和服务要共享化和网络化，将物联网技术、5G技术、数据分析技术、遥感技术、地理信息系统技术、GPS技术等和农业相结合，打造全面发展的智能农业。逐步实现农业生产等方面的精细化管理、自动化生产管控，达到调控农业生产信息的目标。

二是要加强网络设施的建设。农业生产的信息化需要依靠网络，当前中国的网络建设已经飞速发展，但是一些偏远农村仍然需要进一步发展互联网，当地农民缺乏网络获取信息的能力和意识。所以加强网络设施建设，鼓励和正确引导农业从业人员使用网络设备，包括智能手机和电脑，帮助其借助互联网了解最新的农业技术、生产方式等十分必要。

五、加强基础设施建设

不断建设农业相关的基础设施，才能加快智能农业的建设和发展。首先，要进行土地平整，把原来零星分布的耕地进行改良、平整并进行分类，最大程度实现集约化；其次，要加大农田水利方面的开发建设，修建多功能的水利工程，可以用于灌溉、排水、防洪等；最后，要对牲畜养殖环境进行改良，最大程度进行自动化生产，把饲养、环境调节、废物清理等过程实现机械化，节约人力。加速推进农业生产设备应用到农田间的步伐，由于宽阔平整的田间道路是所有机械化设备运行的前提，所以进行机耕道的建设，也是实现最终智能化生产的基础。此外，可以设立专项资金，针对性为农民在生产设备购置等方面提供帮助，节约他们的生产成本，提升他们的生产积极性。把农村农机设备的数量和质量把控好，扩大市场需求，可以适当加大设备购置的政策补贴，刺激农民的积极性。鼓励农机企业的生产积极性，加大企业与农民之间的合作，全方位实现农业生产的智能化、精准化以及科学化。

六、完善相关法律法规

不断完善行业相关法律法规，使法律法规不断成熟，这也是判断一个行业发展程度的标准之一。当前中国在农业生产方面的法律法规还有所欠缺，许多农民的法律意识不强，要下大力气实现农业生产方面的法规化管理。

基于中国的具体发展实际，借鉴APEC经济体优秀的法规管理经验，最大程度实现智慧农业生产相关法律法规的完整性，为智慧农业生产提供基础法律保障。同时要对目前已有的专利进行法律保护，以此激励相关农业科研人员的研究和创新积极性。并且尽量确保生产信息数据的准确性和真实性，普及相关政策法规的同时要使农民更好领悟其中的内涵，真正意义上实现农业生产的智能化。

法律体系不单是政府指导智慧农业发展的重要依据，而且更体现在智慧农业生产技术和研发的推广上,是智慧农业的基础。

参考文献

戴珍蕤,2018.促进我国智慧农业发展的对策研究[D].舟山:浙江海洋大学.

高会艳,2015.基于物联网的农产品产业链升级研究[D].石家庄:河北经贸大学.

蒋璐闻,梅燕,2018.典型发达国家智慧农业发展模式对我国的启示[J].经济体制改革(5):158-164.

老猫,2019.中国智慧农业的深度反思:什么才是智慧农业的未来[J].农业工程技术,39(27):56-59.

农民日报,[2020-10-21].打造农业硅谷的硬核支撑[EB/OL].http://www.xinhuanet.com/food/2020-10/21/c_1126637112.htm.

冉红伟,2019.基于国际比较的中国智慧农业发展的影响因素及策略研究[D].重庆:重庆师范大学.

王俊旗,2018.基于生态功能保持的东北地区热屏障体系构建研究[D].长春:吉林建筑大学.

杨文会,2019.农业劳动力老龄化对农业劳动生产率的影响研究[D].北京:北京交通大学.

佚名,2019.落后国外20年中国智慧农业要如何反思[J].农家之友(7):24-27.

佚名,2019.智慧农业的智慧[J].新农业(2):36-37.

乐梦婕,2016.面向智慧农业种植领域数据处理算法的研究[D].杭州:浙江理工大学.

赵春江,2019.智慧农业发展现状及战略目标研究[J].农业工程技术,39(6):14-17.

周斌,2018.我国智慧农业的发展现状、问题及战略对策[J].农业经济(1):6-8.

第四章　APEC海洋渔业合作路线图

第一节　海洋渔业合作背景

工业革命以来，全球经济飞速发展，陆地资源因社会需求迅速增长而日益稀缺，人们将眼光逐渐投向海洋。海洋渔业是海洋领域一个重要的经济增长点，尤其对于临海 APEC 经济体而言，海洋资源是可以利用的优势资源，对社会经济发展和国内需求具有重要的战略意义。然而，随着海洋渔业资源不断被开发，随之也带来一系列的问题，例如，捕捞量过多导致渔业资源再生能力下降，生活和工业废弃物的随意排放造成海洋环境污染，原油泄漏事故导致海洋生态系统被破坏，这些问题最终会造成地球环境的破坏、生物多样性的衰退等。

近年来，由于海洋渔船的快速增加，造成了近海渔业资源的急剧减少，一些临海 APEC 经济体为了保护自身的资源，开始把渔船驶向了远海地区，大力发展远洋捕捞业，因此许多公共海域的渔业资源被大量捕捞，如果不加以改变，这些渔业资源将面临枯竭。此外，随着经济全球化不断加强，世界各国和地区之间的交流与合作逐渐增多，有些领域不可分割，互相依赖，与此同时，带来的是渔业权益的纠纷，各国各地区之间因为利益不均或领土领海争端经常发生冲突和碰撞。

在公共海域中，有摩擦，自然也有合作。在海洋渔业合作方面，对公共资源的共同管理至关重要，世界各国开始签订一些维护和平的国际公约，提出一些可持续的发展理念。1982 年联合国第三次海洋法会议上，形成了决议条文《联合国海洋法公约》，对各国的内海、领土、专属经济区和公海等概念做了详细的定义。此后，《联合国海洋法公约》成了世界各国各地区渔业合作的前提和基础。1992 年 6 月 14 日在巴西里约热内卢的环境发展大会上通过了《二十一世纪议程》，该议程提出各国各地区之间要加强渔业合作，走可持续发展的道路。在意识到给海洋带来的一系列问题之后，一些渔业管理组织开始遵循可持续发展的原则,对于海洋非法捕捞、过度捕捞行为进行严厉打击,同时也开始呼吁世界各国各地区之间要共同应对环境质量下降、渔业资源受损、生态系统退化等海洋问题,不断加强区域合作。

第二节 世界各国各地区海洋渔业资源概况

一、世界海洋渔业捕捞近70年发展情况介绍

根据FAO统计,世界渔业捕捞产量总体呈现增长态势:1950年,海洋捕捞产量为1 614.20万吨,占海洋水产品总量的98.08%;而2010年为8 351.73万吨,占海洋水产品总量的67.77%,60年间增长了5.17倍。由图4-1可知,全球海洋捕捞总产量至20世纪90年代以后波动越来越小,1988年海洋捕捞总产量为8 241.18万吨,至2011年的20多年间仅增长了1.34%,说明海洋捕捞量已达峰,其后难以再出现大幅增长;与其他水产品相比,虽然其在海洋水产品中仍旧占据着优势地位,但其所占比例正不断降低。出现这种情况的原因在于:随着海洋捕捞强度的不断增加,一方面其对海洋渔业资源与海洋环境造成较大程度的破坏,导致可捕资源减少;另一方面,各国各地区对于环境与资源的重视程度不断上升,纷纷出台政策规范渔业捕捞,制约无证捕捞,防止过度捕捞,从而致使海洋捕捞产量渐渐趋向于平衡。

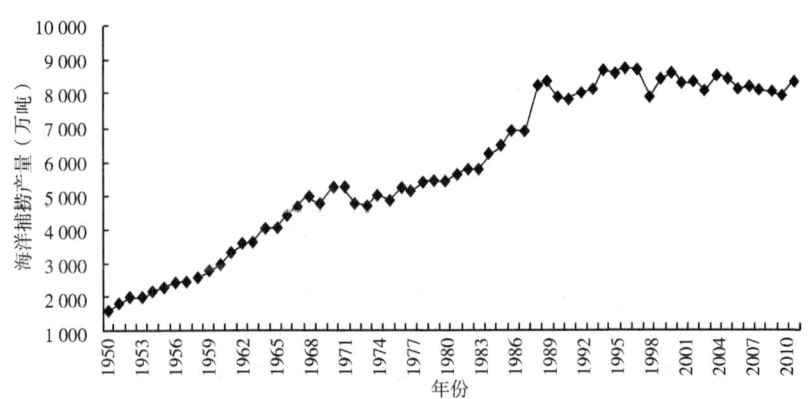

图4-1 1950—2010年世界海洋捕捞产量变化

数据来源:根据联合国粮食与农业组织(FAO)统计整理所得。

二、全球海洋渔业资源利用概况

根据图4-1可知，世界渔业资源捕捞量在20世纪90年代发生转折。1990年之前，海洋捕捞产量以较高增长率上涨，之后海洋捕捞产量基本维持不变。根据联合国粮食与农业组织对海洋渔业资源状况的评估结果，全球渔业资源总量不容乐观：充分开发渔业资源指捕捞量接近或等于其最大可持续产量的资源，这类资源没有进一步开发的空间，且若管理不当就要面对可捕捞产量下降等问题，这类资源所占比例正在变小，未充分开发的海洋渔业资源所占比例自1974年以来不断下降，2009年这一比例仅为12.7%；过度开发渔业资源产生的效益小于其生物和生态潜在效益，需要严格管理；但这类资源的捕捞量所占比例不断上升，在20世纪70年代和80年代上升尤其明显，从1974年的10%上升为1989年的26%；20世纪90年代后这一比例仍旧以一个较低的速率不断增长。就鱼的种类而言，捕捞量前十的鱼类和其他高价值鱼类中大都不是属于充分开发资源、就属于过度开发。

此外FAO认为自20世纪50年代起，世界海洋渔业资源开始了较大的改变，但不同海域因周边国家和地区城镇化发展变化程度不同，渔业资源开发类型也有所不同，但大体可分为三个区域。①渔获量不断波动区域，主要包括大西洋的东中部和西南部以及太平洋的东北部、东南部等。但这些区域的渔业资源大都属于充分开发或过度开发。②渔获量达到最大值之后不断下降区域，主要包括大西洋西北部和东北部以及太平洋西南部等，占全球渔获总量的20%左右。这些区域渔业资源亦大都属于充分开发或过度开发。③渔获量不断增长区域，仅包括三个区域，分别为太平洋中西部以及印度洋的东西部，占全球渔获总量约28%。这些区域被认为是渔业能够进一步开发的区域。但是这些区域的未充分开发渔业资源亦不容乐观，仍然面临着严峻的挑战。综上所述，全球海洋渔业资源正面临着不断衰退的问题。

三、中国海洋渔业资源及保护概况

根据FAO统计（图4-2）可知，1950—1998年中国海洋捕捞量呈现快速发展态势，年均增长率达到10.15%。1999年，中国调整了渔业捕捞发展战略，实行海洋捕捞的零增长制度，中国海洋捕捞量增长停滞，在1998—2010年，年增长率接近于零，很好地保护了海洋渔业资源。

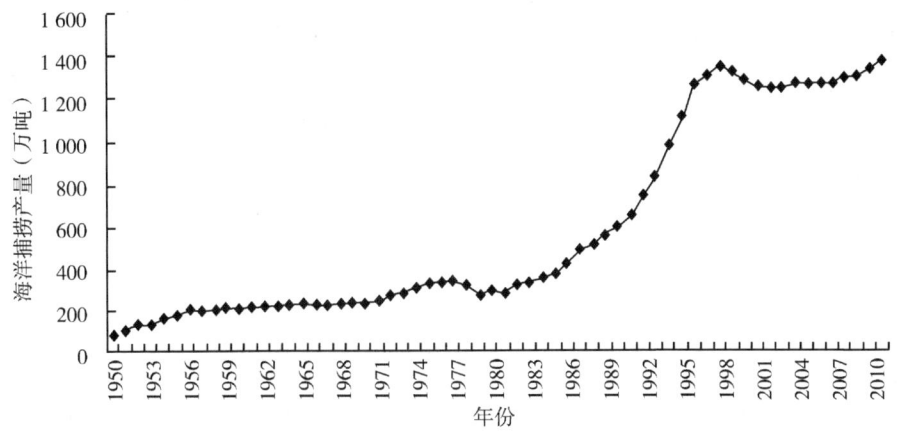

图 4-2　1950—2010 年中国海洋捕捞产量变化

1950—1998 年，随着中国海洋捕捞量逐年增加，中国意识到了捕捞对于野生渔业资源衰退的危害，颁布大量法律法规对海洋捕捞业加以限制。近年，中国持续强化执法监管能力建设，抓实抓细退捕渔民安置保障等重点工作，不但在近远海参与打击非法、不报告和不管制捕鱼行动，而且还开展了"长江十年禁渔"行动，在各地各部门的共同努力下，长江禁捕退捕扎实推进，退捕渔民稳定上岸，禁捕形势总体平稳，社会共识稳定凝聚，有针对性地解决好禁渔中出现的花样垂钓、变相捕捞等突出问题。持续做好渔民安置保障工作，加强对渔民就业帮扶培训和创业扶持，全面落实退捕渔民养老保险缴费补贴政策，针对特殊困难退捕渔民建立"一对一"跟踪帮扶机制，坚决防止发生规模性返贫致贫。中国加强对长江及近海水生生物资源的整体联动协同保护，建立水生生物完整性指数评价体系，实施生物多样性保护工程，严格涉渔工程环境影响评价，有效落实生态补偿措施，规范增殖放流活动，不断提升保护水平。

第三节　海洋渔业合作的必要性与瓶颈

一、渔业合作的必要性

1. 渔业资源的流动性与公共性

在工业革命的推动下，世界各国各地区经济水平不断提升，科技实力也显著提升,海洋渔业捕捞能力也随之增强。然而,在公海区域中,海洋渔业资源作为一种公共资源具有其特定属性,即非排他性和竞争性。为了发展本成员体经济,各个经济体都会重视开发而忽视保护渔业资源,越来越多的渔船和逐年上升的捕捞量使得渔业资源濒临枯竭。此外,在经济发展的过程中,会产生大量废弃物,如废水、废渣等排入海洋,虽然广阔的海洋具有一定自净能力,但是随着时间推移,废弃物越来越多,已经超出了海洋生态系统的恢复能力,导致海洋环境越来越差,渔业资源也深受影响。当人类经济发展到一定水平,就会寻求可持续发展,21世纪的主题是和平与发展,这种发展是绿色的发展,可持续性的发展,对渔业资源的利用也是如此,各个经济体应该加大保护和管理力度。与其他资源不同的是,作为公共资源,渔业资源的保护不能单靠联合国或者某个经济体来完成,需要区域甚至全球的所有国家和地区共同努力才能实现。

2. 经济一体化的需要

区域经济一体化的含义是指某个区域范围内甚至全球范围内的国家和地区加大贸易合作,减少贸易壁垒,实现这种合作一般通过双方或者多方共同商讨制定优惠政策、签订合约协议等方式,这样可以充分利用各个不同国家和地区的优势,加快生产要素和资源的流动,降低生产和运输成本,保证不同国家和地区能够转移其富裕的资源,获得稀缺的资源,从而实现双赢和多赢的目标,达到区域总体资源最优配置,促进各国、地区经济进一步发展。由于不同国家和地区经济发展的步伐不同,对海洋渔业资源的开发和利用水平也有所差异,例如,有些国家和地区的渔民人口数量较大,渔船技术较为先进,有些国家和地区的定位技术较为发达等,这样通过建立合作关系就可以弥补各自的不足,实现优势互补,充分利用各个国家和地区的优势,共同发展远洋渔业产业,实现经济共同增长,利益共享。

3. 其他方面的合作需求

除此之外,进行海洋渔业合作的必要性还体现在其他方面,例如,在公海区域存在许多海盗,经常袭扰渔船或者经过的商船,给各经济体都带来了一定程度的损失,单个经济体的力量很难去彻底打击和消灭这些海盗,因此需要各经济体联合起来,共同对抗和打击这些猖獗的海盗,减少各经济体的经济损失。此外,一些相邻的临海经济体经常出现渔业资源纠纷的情况,只有大力发展渔业产业的合作项目,让各经济体都有利可图,才能有效减少这些纠纷，各经济体在利益大局面前就会忽略一些小的摩擦，继续实现双赢和共赢。

二、渔业合作的瓶颈

1. 海洋权属争端

由于许多历史遗留问题，很多海洋区域都存在权属争议和领海争端，因此针对这些区域纠纷不断，对渔业资源的开发和利用都带来不利的影响。利益相关方都有理由说明争议区域的权属合法性，从而限制其他利益相关方进行开发利用，这种现象是海洋渔业合作的重要瓶颈之一。

2. 国际公约约束力不足

国际上对海洋渔业资源利用的明文规定非常少，公认度比较高的就是《联合国海洋法公约》，不过这个公约也大多数是对相关利益方所属的海洋领域进行划分，而很少提及公共海域中的渔业资源如何分配，仅仅表明要坚持以可持续发展为主要原则，具体怎样实施，并没有详细阐述。另外，像这样的国际公约，并不能让所有利益相关方照章执行，甚至还有很多利益相关方并未参与到上述海洋公约中去。目前全球也没有专门针对海洋渔业资源分配的纠纷处置部门，一旦矛盾产生，只能依照往常惯例相互调解，这在一定程度上会干扰到海洋渔业的国际合作进程。有时候一些利益相关方之间也会制定一些海洋渔业资源协定文件，但是这样的合作非常不具有稳定性，也没有针对规定内容相应的处罚措施，协定签订后，如果有外部势力介入，在利益的诱惑下，协定也可能只是一纸空文，并没有很强的约束力。

3. 渔业发展不均衡

由于全球及APEC地区利益相关方发展水平参差不齐，因此在海洋渔业发展方面，也无法一概而论。在海洋作业时，能开展的渔业最大捕捞量、使用的仪器设备、参与作业人员的能力不同以及所使用的渔业技术各有特色，因此很难准确掌握公共区域的渔业资源捕捞情况。对于那些信息技术发展相对落后、经济欠发达而且对海洋渔业疏于管理的经济体来说，与信息技术发展较快、渔业技术先进的经济体进行合作，可以获取更多的的渔业利益。

4. 过度捕捞和海洋环境保护虚弱

近些年，海洋渔业资源的恢复能力逐渐减弱，其主要原因是人类的过度捕捞和对海洋生态系统的破坏。人类对海洋渔业的过度捕捞，即每年的渔业资源捕捞量超出了其繁衍恢复能力，渔业资源的再生受到限制，虽然在一些协议或者公约中规定每年的捕捞量，但实际中由于缺乏有效监管而背离这些约定。

在一些关于海洋的协议中，也会对海洋环境污染加以限定，并强制利益相关方要履行海洋的保护义务。通常情况下，协议协商过程中，这些条件能够达成一致，并相继开展一些渔业合作，但仍然有偏离公约的行为存在。

5. 渔民综合素质有待提高

从事海洋渔业的工作人员往往不具备很高的文化程度，且往往法律意识淡薄，对国际海洋法以及与其相邻地区的国际海洋规定也知之甚少，很难对相关法律法规有很强的执行力；而对于经济体内部的一些制度，在渔业生产过程中也有违背之处；此外，由于不同经济体渔民之间语言沟通不畅，极容易产生误解和冲突。在推进海洋渔业合作的进程中，要实现对海洋渔业资源的保护，就不得不摸清渔业家底，减少过度捕捞，停止一些渔民的工作，这就意味着相当一部分渔民从业人员面临失业；但是，现实中从事渔业的渔民大多数年事已高，并且很少受过高等教育，失业后如何维持生活，是一大难题；如果经济体安置工作未做到位，他们生活质量有所下降或是新的生活方式难以适应，很难保证他们不会重操旧业，这将对海洋渔业科学管理和可持续发展目标带来很大的负面影响。

6. 其他瓶颈问题

除了海洋权属争端、国际公约约束力不足、渔业发展不均衡、海洋过度捕捞和环境保护以及渔民综合素质等因素外，渔业合作的瓶颈还表现在以下方面：不同经济体历史文化不同，教育也有差异，历史文化冲突直接导致双边利益相关方之间缺乏信任和理解，经常出现摩擦和纠纷，这在很大程度上会阻碍渔业合作的可能。此外，利益相关方制定的政策条款大多是维护自身利益的，很少会考虑其他经济体，因此容易产生政策上的冲突，难以达成合作关系。

第四节　海洋渔业合作形式及优缺点

海洋渔业合作是为了提高海洋渔业资源的利用效率以及提升 APEC 各经济体经济的发展，为了这一共同利益，各经济体之间形成相互合作关系。但是在不同层面,海洋渔业合作也会形成不同类型。就合作参与经济体的数量而言,可以分为双边以及多边的海洋渔业合作类型。双边指两个 APEC 经济体开展的海洋渔业生产合作模式,多边指两个以上的经济体开展的海洋渔业生产模式。如果以海洋渔业的发展现状水平而言,可以分成以水平形态发展为主的经济体和以垂直型发展为主的经济体,水平型就是开展合作的这些经济体间的海洋渔业从事能力相差较小,彼此能力不分伯仲,垂直型就是开展合作的经济体能力从强到弱差异较大,并不是同一个发展水平的经济体间的合作。如果考虑的是现实作业过程中受到的干扰、限制程度以及对现有渔业资源的保护程度等因素,主要体现以下 6 种合作模式。

一、独立开发型

独立开发型的渔业合作类型是指在公共海洋区域内,各经济体单独开发、自我管理,建立起适合自身的渔业资源捕捞方式和产业模式,经济体之间基本没有合作。这种模式存在一定的优势,即各个经济体没有争议,不干涉其他经济体,不需要长时间磋商从而与周边达成一定的共识和协议,也不需要中间协调、开展组织管理,各个经济体可以根据自身需求和出口量确定渔业捕捞量。这种模式也存在很多缺点,例如,无法充分利用各个经济体渔业产业的优势,增加了建设成本,浪费了相关资源,一旦出现纠纷就很难和解。这种模式对各个经济体没有约束力,容易造成过度捕捞和环境污染,不易走可持续发展的道路。

二、半独立开发型

半独立开发型渔业合作类型是指在独立开发型渔业合作类型的基础上,成立一个中间组织或机构,用于管理和协调渔业合作的总体事宜,各个经济体在自身开发的基础上,通过服务中间组织的管理和调度,从而开展有序的渔业资源捕捞工作。与独立开发型的合作模式相比,半独立的开发模式仅仅多了一个中间组织,对各经济体的捕捞行为有了一定程度的约束力,其优缺点与独立型的开发类型基本相似,因为在实际的管理过程中,中间组织的管理和政策实施比较难以施行和奏效。

三、自由捕捞渔业区

还有一种是经济体间的自由捕捞渔业区，就是不同经济体都划分一定区域，组建起一个共同的开发区域，区域内的海洋渔业资源属于公共资源，由开发区对其进行统一的调配，对这些资源进行统一的管理和保护。跨经济体自由渔业区的参与经济体不能擅自干涉开发区内的渔业运行，并且不能针对开发区设置一些政策或是贸易上的阻碍，参与经济体只能对这个共同开发区的最大捕捞总量进行规定，在此基础上开展开发区土地投标、定期出租等，以此来控制厂商的开发成本，也就是要利用渔业市场来调节开发区内的渔业生产活动，而渔业生产的总量也是在科学范围内的，这是一种与前述模式完全相反且较为松散的开发方式，这种合作模式能使各经济体取长补短，互利共生，而且市场的参与度极高，在市场的调节下进行生产，全程只对最大捕获量进行规定。不过这种合作模式要在各经济体常年磨合的基础上才能更好开展，这需要彼此之间互相信任，开发区的管理也需很好的经验才能运转得当。

四、渔业区合作型

渔业区合作型的模式为各个经济体从单独的渔业资源开发利用，自我管理逐渐发展为相互寻求合作，联合发展，共同开发，并且在扩大产业的同时，还能形成统一的渔业市场，从而形成国际的渔业合作开发类型。这种类型实质上是渔业合作过程中的一个发展阶段，各经济体通过前期的协商，初步确定合作中可能产生的问题和一些解决方法，逐渐发展成为国际的合作模式。

五、渔业股份公司型

渔业股份公司类型则是在合作的经济体之间共同投资成立渔业股份公司，由该公司对公共海域内的渔业资源进行开发、利用、管理和保护，由于是各个经济体共同出资建立，该公司的受益将按照股份比例进行分配。这种合作类型的优点为可以遵循市场规律，减少经济体之间的作用，渔业资源开发利用主体唯一，便于管理和控制，也能设定总体捕捞数量，达到保护海洋渔业资源的目的。这种模式的缺点为股份公司捕捞技术和生产要素不能自由发展，公司产生的利益也可能会因分配不均而造成双边纠纷。

六、联合国统一协调管理型

联合国统一协调管理型就是不同经济体在联合国的统一调度下进行合作并且签订一些合约或是协议，开展的是跨经济体间的自由渔业发展模式，而且签订协议后会制定对应的海洋渔业资源法律，由联合国来主导，对相关法律负责。各个经济体间的关系也将由联合国统一协调，如果有经济体违反协议，也将由联合国对其进行惩处。这是减少经济体间冲突、避免不必要的矛盾、尽量维护公平并且以保护海洋资源为目的的一种管理模式，但是在进行利益分配时，不同经济体间的分歧也会很大。

第五节　APEC海洋渔业合作的建议和对策

由于人类无休止地过度捕捞海洋渔业资源，造成这些资源正在不断衰退，种类变得越来也少，因此，全球应该携起手来，共同致力于海洋渔业资源的保护。针对中国而言，海洋渔业目前仍然拥有较大的发展空间，特别是在远洋渔业方面，发展潜力巨大。在与其他经济体海洋渔业合作方面，中国与许多经济体签订了渔业合作协议，但与其他经济体之间也存在着一定的海洋渔业纠纷，即便如此，合作仍然是主流。因此，通过一些有效的对策，增强中国与其他经济体海洋渔业合作、解决渔业纠纷，能进一步推动中国海洋渔业的发展。

一、坚持可持续发展原则

随着社会不断进步，人类综合素质越来越高，很多经济体已经意识到随意开采渔业资源、污染海洋环境所带来的问题，已经开始重视这个问题，但是不同经济体的重视程度却有差异，尤其是一些经济较为落后的经济体，仍然存在大量捕捞、随意排放废弃物的行为，严重阻碍了渔业合作的全面发展。每个经济体在渔业资源开采和利用的过程中都应该坚持走可持续发展的道路，保证海洋渔业资源的可再生能力，减少渔业合作中的纠纷，不断为渔业合作作出贡献。

二、完善国际化相关法律

虽然经济全球化趋势势不可挡，但是仍有不少经济体坚持贸易保护，具体表现为一些经济体或者企业在制定对外贸易的法律政策时，设定一些进出口的限制措施等，甚至是背离互利互惠原则。目前针对减少贸易壁垒，进而加强国际合作的相关法律或者公约非常少；此外，不同经济体在渔业资源开采和利用方面的法律政策也仅仅是为了方便经济体本身，对其他经济体并不适用，甚至是排他性的，这严重限制了国际间的渔业合作。因此，建立并完善国际上渔业合作相关的法律，形成统一的政策标准，保证在各个经济体间施行起来时没有突出矛盾，对于经济体海洋渔业合作具有非常重要的意义。

三、设立统一管理组织

目前存在的集中海洋渔业合作模式中，都缺乏有效的统一管理者和协调者，总体管理能力非常薄弱，此外，不同的涉及海洋渔业管理的部门之间容易互相推诿责任，造成管理混乱，效率低下，导致不同经济体之间产生纠纷，难以为渔业合作作出真正贡献。因此，在国际海洋渔业资源开发、利用和保护过程中，有必要设立统一的管理组织或机构，进行全面协调，全面管理，及时公布海洋渔业资源数据，制定渔业资源捕捞计划，调解各经济体渔业纷争，建立起有序的海洋渔业合作秩序。

四、制定纠纷解决办法

欲实现和谐的渔业合作关系，还有很长的道路要走，这也是一个长期的过程，在这个过程中不可避免地出现一些分歧和障碍，因此，有必要预先制定一些解决问题的办法，在实际出现问题时，能及时应对和解决问题。在海洋渔业合作不断深入和发展时，维护和平、减少摩擦，对于世界经济发展和各经济体经济社会发展都有积极意义。当前在渔业合作之前首先确定好可能发生的纠纷，纠纷出现的原因，纠纷的解决办法和方式是当务之急。此外，还应该制定一些合作过程中出现违反公约或国际法律而应该采取的惩罚措施，这样才对各个经济体有一定的约束力，这对于加强渔业合作都是必不可少的。

第六节 APEC 经济体渔业合作前景分析

为了加快海洋经济发展，2017 年，国家发改委和国家海洋局发布了《"一带一路"倡议海上合作设想》，描绘了海上经济发展的蓝图，把国家"一带一路"的建设思想迁移到了海洋之上，该合作设想提出了要重点建设三条海洋经济之路，指明了建设海洋之路是"一带一路"建设的重要组成部分和实施的具体途径。欲实现各经济体之间经济共同发展和互利共赢，必须要打通海上之路，建设好海洋交通，完善各项基础设施，不断增加海洋科学技术的创新和发展，增强海洋文化的交流，深化海洋渔业合作。"一带一路"建设的三条海洋蓝色经济之路中，中国—大洋洲—南太平洋路线包含了未来最有发展潜力也是最有发展活力的经济体，是中国海洋经济发展的重点关注对象。

一、中澳渔业合作前景分析

中国澳大利亚是南半球最大的发达经济体，位于这条经济通道之上，自然对中国有着重大的战略意义。中国和澳大利亚在海洋经济发展方面有着互补的发展目标和需求，双边经济体隔海相望，是渔业产业经济的伙伴。在澳大利亚内部，2015—2025 年的规划中提出了要把发展重点移到海洋上来，强调了海洋经济的重要性，同时澳方也将水产养殖业等作为发展海洋经济的具体措施。可以看出，中澳双边都十分重视海洋经济的发展，都坚持走可持续发展的道路，不应该以牺牲环境为代价换取短期的经济利益，要保证经济发展和环境保护两手抓。重要的是中澳双边都推行多边主义，支持合作共赢的发展方式，因此，双边未来的发展潜力十分巨大。

中国和澳大利亚双边在海洋渔业方面有着极大的合作需求，这也是实现双边经济共同发展的一种途径。双边不只在发展战略方面达成一致，为此还专门成立了一些自由贸易区域，中国是澳大利亚贸易方面的第一伙伴，并且是澳大利亚出口经济体中的第一大伙伴，也是其进口商品的主要来源地之一；澳方也是中国非常重要的贸易合作伙伴和商品主要进口经济体之一。双边的贸易具有很强的互补性，随着经济的不断发展，双边经贸合作的不断深化，双边贸易关系也将不断加强。中国的"一带一路"建设在南线对澳大利亚有很强的需求，这是保障南线海上通道畅通的一个重要支撑。澳大利亚拥有世界上较为干净的渔业生产环境,在这样的环境下能生产出质量极好且品类丰富的海产品。澳大利亚移民众多,不同的饮食文化背景会刺激水产品的消费,但是对于大多数本地居民而言,供应量远大于需求量,市场是澳方关切的头等大事,中澳互补性较强。日本曾是澳大利亚的主要水产品出口经济体,但中国已取代日本,成为澳大利亚水产品的主要出口经济体。

澳大利亚的海洋产品向来是以高品质、高价值而闻名于世,与其他水产品生产经济体相比,澳大利亚天然就具有生产优势,如气候温和,加之大面积的海域能给水产品养殖提供足够的空间,渔业水产业发展较快;澳大利亚当地政府也制定了较为全面的水产养殖相关环境法规,并且对开展水产养殖的企业也进行了制度认证。现在的澳大利亚水产养殖正处于发展的旺盛阶段,其经济潜力不断被激发,已经在过去20年里连续增长,而在最近十几年间,澳大利亚的水产养殖已经增长超过50%,澳大利亚的经济发展战略文件也曾预测:预估到2027年,渔业产量将实现翻一番的目标,该行业的经济利润将高达20亿美元。即便是拥有这样的天然优势,澳大利亚也面临着不可回避的问题,一是某些区域没有高质量的道路、港口等基础设施,而这些是保证水产品及时输送、保鲜的重要保障,且出口前将水产品及时冷藏也很重要;二是没有进行产品的规模化,即澳大利亚没有把自身的海产品打造成一个公认度较高的品牌,不能快速占据国际海产品市场。由于海洋渔业资源逐年减少,中国已经把水产养殖看作发展海洋经济的重要途径,中国的水产养殖有着较为完善的基础设施,巨大的国内外市场以及强大的物流运输能力,使得中国成为庞大的渔业水产品终端市场。美国食品管理局发布的数据表明,中国海产品摄入量低于世界平均水平,且远远低于渔业发达经济体水平,仅仅为14千克/(人·年)。但是随着中国经济的快速发展,人均可支配收入不断提高,人均海产品购买力必定会大大提升,中国水产品市场潜力巨大。

二、中泰渔业合作前景分析

据泰国渔业局的数据显示,大约75%的泰国渔业规模都不大,这样较小规模的作业技术水平难称发达,船只设备尚需改进,成本较高,耗能较大,捕鱼效率不高。在地理位置上,泰国位于东南亚的中心区域,也是中国"一带一路"沿线的重要组成部分,与中国自古就有许多交流和往来,与我国不存在海洋领土争端。自2014年以来,中国和泰国的关系一直较为密切,合作较为频繁。随着世界经济和科技的发展,泰国也正在逐渐改变传统的发展模式,先后提出了数字泰国、泰国 4.0 等发展战略,打造以创新为驱动的经济发展新模式,这些战略眼光和发展模式和中国经济发展的新理念都极为相似。在中国提出"一带一路"倡议时,泰国总理明确表态非常愿意和中方合作,不断推进各个领域的发展,包括农业、交通、旅游、网络等,还表示愿意和中方增强交流和合作,这为双边渔业合作奠定了较好的基础。

  相对比而言,中国渔业产业的发展有很长的历史,且发展十分迅猛。健康的水产养殖早在 20 世纪 90 年代就开始出现,经过 30 余年的发展,水产养殖稳步向前发展,取得了较好的成绩,尤其在疾病防控、良种选育、养殖环境保护和修复、养殖示范区域筹建、养殖制度建设等领域发展较好;还有许多养殖技术处于全球先进水平,例如,近海多营养层级养殖以及养殖规模、池塘养殖设施技术等。关于生产设备,中国研制了许多新型的智能设备,如太阳能移动增氧机、水质调控设备等。在生态工程和 IT 技术方面,进行了神经网络对水质进行分析的技术研究。此外,在工厂化养殖设备、深水网箱领域、渔业捕捞工具、水产品加工技术、物流运输技术等方面都有较为深入的研究,也具有较为实用的科技成果。因此,中国努力做出的成果都可以作为中泰双方渔业技术合作的纽带。

  总体来看,中泰双边渔业合作前景良好。首先,中国和泰国距离较近,应该充分利用好这一地缘优势,以和东盟建立的自由贸易区为基础,以东盟港口为桥梁,不断进行基础设施建设,大力建设交通设施、港口、码头等,解决好交通连接问题,渔业合作可以更加高效和便捷。在网络平台搭建方面,应该建立起双方信息共享平台,及时交流双方相关法律法规、优惠政策、经济往来、项目合作等信息;同时,政府还应大力扶持双方的合作项目,降低贸易壁垒,增加优惠政策,提供资金补贴等。其次,中国和泰国双方欲实现渔业合作共赢,则必须不断进行相关技术的合作交流。20 世纪初,中泰双方就有过多次磋商,例如,泰国代表在 2008 年率团来华与中国国家海洋局交流,并且还签署了《国家海洋局第一海洋研究所与泰国普吉海洋生物中心的合作备忘录》,此外,中泰双边还召开了四次海洋联合会议,七次海洋合作技术研讨会等,达成了许多合作项目,例如,有关海洋生态系统、海岸带脆弱性、海岸生态修复等领域的项目。中国和泰方的相关部门组织科研院所、高校、企业等相互交流,共同解决渔业目前面临的一系列问题,例如,渔业资源过度捕捞、海洋生态环境遭到破坏、捕鱼技术的提升、相关设施设备的研发等，双方有意愿共同努力、优势互补、共同受益。最后，双边政府给予了大力支持，中泰大型渔业企业尤其是龙头企业，具有很强的市场导向能力，能够带领渔业产业外向发展，拓宽市场，如果双边政府给予支持和鼓励，制定一些具有针对性的扶持政策，可以依托中方先进的养殖、捕捞和加工技术，在泰国建立相关的养殖基地或者培训基地，宣传中国的渔业产业体系，同时也能增加中国的出口渠道，缓解国内压力，减少贸易成本，推动双边渔业产业共同发展。泰国也能根据本国国情，制定相应的优惠对华政策，吸引中国渔业技术在泰国投资。

三、中墨渔业合作前景分析

在远海捕捞过程中，墨西哥是中国渔船的重要补给经济体。墨西哥的渔业产业发展相对落后，渔业管理水平较低，相关渔业技术不够先进，产业方面，其政府的人力物力投入量较低，相关渔业设施设备较差，捕捞技术较为落后，对渔业资源是一种粗放的开发方式，本国水产品竞争力不足；相对而言，中国政府对渔业产业较为重视，经过长期的投入，已经基本跨过了粗放的开发模式，正朝着可持续发展的方式进行，对水产品的要求已经不是从前数量和温饱的要求了，逐渐开始提升水产品的质量，打造整个渔业产业向着数字化、智能化、可持续化的方向发展，但是中国渔业产业也存在产能过剩问题。中墨双方进行渔业合作，对墨西哥来说可以不断提高其渔业科技水平，扩大养殖规模，从而实现渔业经济快速发展；对于中国来说，则可以引进墨西哥的优质水产种苗，提升中国水产品的质量，提升渔业产业的高质量发展。中国和墨西哥在渔业资源捕捞、渔业资源探查、渔业资源保护、养殖技术、水产品加工技术、生态保护和修复技术等领域展开合作可以互惠互利，实现渔业产业的可持续发展。

双边事实上经过前期的交流和讨论，中国与墨西哥达成了许多方面的合作意向。由于《中国与拉美国家渔业科技合作项目》协议的支撑，中国水产科学研究院与墨西哥水产养殖和渔业委员会在很多的领域达成合作意向，这些领域主要包括远洋渔业资源捕捞、养殖技术、渔业捕捞设备制造技术、渔业产品加工技术、渔业疾病防控技术等。2017 年，中国水产科学研究院的科研人员应墨西哥邀请，前往商讨具体合作细节，墨方希望中国和其相关的研究所和企业展开合作,大力发展鱿鱼捕捞技术及其相关的加工技术,通过了解行业发展前景,提出了具体的合作方案和执行步骤,并筹建联合渔业研究中心。中国水产科学研究院的研究人员曾在2019年的时候,应墨方邀请,到墨西哥进行大赤鱿探捕的联合行动,重点是对大赤鱿资源进行综合评估以及对资源的探索开发,并且进行了两项实验,分别是海上渔业资源探索以及对鱿鱼进行灯光诱捕,在此基础上双边对遥感定位技术、集鱼灯光照强度对生产作业的影响以及海洋生产环境等相关因素进行了探讨。这次联合行动取得了非常好的效果,为双边的渔业捕捞、装备互补等各方面都作出了贡献,加强了双边在渔业生产方面的合作探索,双边渔业合作得以进一步发展。2020年3月,在中国水产科学研究院支持下,召开了中墨渔业科技合作远程会议,在会议上,墨西哥介绍了国内巴西黄金鲈在养殖和培育过程中遇到的问题,中国则介绍了近期在养殖技术和品种培育方面的研究进展。随后双边围绕该问题进行了深入交流,并达成一致,在利用各自优势的情况下,积极合作,开展相关联合研究,尤其是养殖技术和品种培育,开展了合作研究的新天地。

四、中菲渔业合作前景分析

菲律宾作为临海经济体,有着良好渔业资源潜力,也是其渔业产业的优势。近些年来,随着菲律宾经济发展的带动,渔业捕捞业和养殖业的发展也不断加快发展,但是随之带来的是非法捕捞等行为越来越多,其渔业可持续发展受到严重阻碍。菲律宾政府采取了一些措施,例如,建立海洋保护区,但收效甚微。菲律宾加强法律的完善及具体有效措施保证渔业健康、可持续发展是重中之重。

菲律宾作为一个由群岛组成的经济体,经常遭受各种自然灾害的侵袭,如海啸、台风等,尤其在菲律宾东部区域,台风是主要自然灾害,所以台风也成为菲律宾海洋渔业发展的主要限制性因素。每当台风灾害发生时,沿岸的渔业设备会遭受巨大损毁,给渔民也带来很大损失。2013年的"海燕"号台风就给菲律宾渔业造成巨大创伤,强风以及强降雨导致班乃岛1/3以上的渔船被彻底摧毁甚至直接冲走,半数以上的渔船为中等甚至强度破坏,这次台风导致部分渔民花费三个月的时间才能恢复正常作业。为了最大程度减小自然灾害带来的损失,除了及时预警和有效善后之外,菲律宾急需大力发展海洋渔业基础设施建设,提升沿海养殖装备稳固性,有效防范海洋疫病的蔓延。

当前菲律宾的渔业生产以小规模生产为主，且没有配备先进的生产设备，技术匮乏，这些都限制了其海洋渔业的发展，渔船捕捞设备亟待升级。如果进行工厂化海产品养殖和生产，就能有效避免气候、水质等自然因素对产品的影响，并且能对水温、水质、饲料等影响因素科学控制，还能最大程度地减少疫病的暴发，最重要的是能实现高产，开发引进先进的设备，借助高科技来提升渔业质量，适应国际市场的需求，是摆在菲律宾渔业发展道路上的难题。

菲律宾作为中国"一带一路"建设的沿线经济体，和中国自古以来就有着亲密往来。2016年，中菲签订了《中华人民共和国与菲律宾共和国联合声明》，并且在经济贸易、农业、投资和基础设施建设等方面达成了许多合作意向。2017年，在马尼拉举行了中菲企业贸易对接会暨签约仪式，双边多家企业达成了很多合作，签署的贸易协议超过70份，涉及交易金额超17亿美元，包含的领域有农业、工业、医药业、物流等。同年5月，杜特尔特总统参加了在北京举行的"一带一路"国际合作高峰论坛，加入了"一带一路"的大家庭。2018年，习近平主席也对菲律宾进行了国事访问。双边渔业部门、组织和相关企业达成的合作越来越多，关系也越来越亲密，双边互相访问，互相学习，从政府到人民间，从商业到科研领域，建立起来较好的合作基础平台。

中国经过改革开放几十年的发展，渔业产业发展十分迅速。近些年来，中国政府成立了许多大型项目，如工信部高技术船舶科研项目等，中国在渔业捕捞技术上有了重大突破，在国家"863"等重大项目的支撑下，形成了有特色的渔业生产体系，包括渔捞技术、渔船制造、产品加工、市场经营等。中国"十二五"以来，在渔业养殖设备设施方面取得重大进展，在很多领域的技术水平处于世界前列，如渔业设备制造、生态化养殖等。此外，在深水网箱、渔业设备研发方面均达到世界先进水平。中国发展历史中积累的渔业产业经验和技术，可以很好地为菲律宾渔业发展服务，带动菲律宾渔业整个产业链的发展，也能促进其国内经济发展，这也为中国与菲律宾渔业合作建立起了纽带。

建立一个渔业可持续发展的联合管理体系对实现中菲渔业协作发展必不可少。由于海洋资源不能进行简单分割，并且很多鱼类具有洄游的天然本性，所以没有经济体能实现对海洋资源的绝对控制。2000年后，中国跟诸多东盟国家都签订了渔业合作的协定，当前中国和菲律宾都不可避免地要应对许多现实问题,既要实现海洋渔业的经济效益,又要有效考虑社会和环境效益,实现可持续发展问题成为双边渔业发展的首要解决难题。如果建立起联合管理体系,就能促使双方及时互通有无,双方领导也能互访对话,这样就能为双边提供一个互通交流的沟通平台。并且还能建立一些民间的协同管理体系,设立一些示范区,把渔业资源养护和环境修复结合起来,双边可以对渔业资源的评估、生产环境的管理等生产经验及时沟通学习,取长补短。

参考文献

毕旗,2018."中间地带"理论视角下的杜特尔特外交政策研究[D].北京:中国石油大学.

陈平平,李建伟,2012.中越北部湾渔业合作回顾及启示[J].东南亚纵横(11):42-46.

丁琪,2017.全球海洋渔业资源可持续利用及脆弱性评价[D].上海:上海海洋大学.

郭冰,2018.印度农业政策变迁研究[D].湘潭:湘潭大学.

郭兵云,2018.国家双边关系剧变探析[D].武汉:华中师范大学.

李育林,2015.我国南海外海渔业资源开发利用机制与政策研究[D].湛江:广东海洋大学.

联合国粮食及农业组织,[2020-4-21].新冠肺炎对粮食安全和营养影响联合声明[EB/OL].http://www.fao.org/news/story/en/item/1272058/icode.

联合国粮食及农业组织,[2020-9-1].联合国粮食系统首脑会议[A/OL].https://blogs.worldbank.org/opendata/impact-covid-19-coronavirus-global-poverty-why-sub-saharan-africa-might-be-region-hardest.

刘仪,2019.南海海洋环境保护合作机制构建[D].海口:海南大学.

刘振芬,张红智,张彬,2019.我国甲壳类商品贸易变化趋势研究[J].对外经贸,295(1):24-29.

缪苗,刘晃,宿墨,等,2019.一带一路背景下中泰渔业合作前景探析[J].农学学报,9(9):61-67.

姚芳芳,2018.泰国主要海洋产业发展及其与中国的对比与合作——基于海上丝绸之路建设视角［J］.中国渔业经济，36（5）：46-53，11.

APEC，2018.APEC Women in Agriculture and Fisheries（WiAF）：Workshop on sharing information on best practices and policies on women participation in agriculture and fisheries to enhance food security and sustainable livelihoods in the APEC region［EB/OL］.https：//aimp2.apec.org/sites/PDB/Lists/Proposals/DispForm.aspx? ID=2243.

FAO，［2020-6-18］.New agreement to protect vulnerable family farmers and their farm animals from volcanic eruptions takes shape in the Asia-Pacific region［EB/OL］.http：//www.fao.org/asiapacific/news/detail-events/en/c/1294336.

JOSEPH G，DAVID L，WILL M，et al.，［2020-3-27］."COVID-19：贸易限制是保障粮食安全最差的可能对策"［EB/OL］.https：//www.ifpri.org/blog/covid-19-trade-restrictions-are-worst-possible-response-safeguard-food-security.

OSHA，［2021-6-11］.Meat and poultry processing workers and employers［A/OL］.https：//www.cdc.gov/coronavirus/2019-ncov/community/organizations/meat-poultry-processing-workers-employers.html.

PUERTO V，［2019-8-29］.APEC Roadmap on Combatting Illegal，Unreported and Unregulated（IUU）Fishing［EB/OL］.https：//www.apec.org/Meeting-Papers/Annual-Ministerial-Meetings/2019/2019_AMM/Annex-C.

UNITED NATIONS，［2021-5-29］.Chronological lists of ratifications of accessions and successions to the Convention and the related Agreements［EB/OL］.https：//www.un.org/Depts/los/reference_files/chronological_lists_of_ratifications.htm.

WORLD FOOD PROGRAM USA，［2020-8-21］.COVID-19 Will double number of people facing food crises unless swift action is taken［EB/OL］.https：//www.wfpusa.org/news-release/covid-19-will-double-number-of-people-facing-food-crises-unless-swift-action-is-taken.

第五章 《亚太经合组织面向 2020 年粮食安全路线图》盘点

作为 2020 年亚太经济合作组织的东道主，马来西亚迫切希望解决粮食安全问题。基于"优化人类潜力，迈向共同繁荣未来"的主题，亚太经济合作组织经济体的粮食安全问题仍然是 APEC 合作主要议题之一，尤其是在新冠肺炎疫情影响下，粮食安全议题显得更为突出。保障全人类的粮食安全、并获得营养物质，一直是亚太经济合作组织的重要政策目标之一，因此，马来西亚也通过三个优先领域，来推动农业合作领域的创新性、可持续性，并重点关注粮食安全问题。

粮食安全是一个多层面、复杂的问题，它由许多社会、经济、环境和政治因素构成。粮食安全取决于粮食的可用性、可获得性、利用率和稳定性。为解决农业和水产养殖业的可持续发展，2014 年，亚太经济合作组织经济体在北京通过了《亚太经合组织面向 2020 年粮食安全路线图》（APEC Food Security Roadmap，AFSR），此后，亚太经济合作组织经济体还通过了《2018—2020 年粮食安全和气候变化多年行动计划》，该计划旨在发展可持续和高产的粮食体系。

AFSR 没有直接应对诸如 COVID-19 疫情等关于健康和安全重大问题挑战的内容。目前新冠肺炎疫情已经对全球粮食供应链造成破坏，也将影响 2020 年后亚太经济合作组织经济体的粮食安全战略的设计。作为 2020 年亚太经济合作组织的东道主，马来西亚发起对《亚太经合组织面向 2020 年粮食安全路线图》盘点，其主要目标是确定亚太经济合作组织经济体执行完成 AFSR 目标的程度。此外，马来西亚还主动与亚太经济合作组织经济体就新冠肺炎疫情对粮食安全的影响进行非正式讨论。该报告主要讨论了马来西亚自 2020 年 2 月第一次高官会结束后盘点工作的成果。盘点工作主要基于各经济体自身的盘点和研究，回顾了截至 2019 年底亚太经济合作组织成员为落实《亚太经合组织面向 2020 年粮食安全路线图》的承诺和行动计划所采取的措施，还概述了 2020 年后亚太经济合作组织粮食安全路线图工作中应对新冠肺炎疫情挑战的建议。

第一节　《亚太经合组织面向 2020 年粮食安全路线图》盘点方法

此次盘点的主要目的是确定截至 2019 年 12 月以来,亚太经济合作组织成员对《亚太经合组织面向 2020 年粮食安全路线图》主要目标的执行水平和完成情况。盘点的重点是三个粮食安全政策伙伴关系机制(PPFS)工作组执行相关行动计划的水平,即农业和渔业部门的可持续发展工作组、促进投资和基础设施发展工作组、促进贸易和市场工作组执行情况(各工作组的优先领域和目标见表 5-1)。

表 5-1　AFSR 工作组和优先领域

工作小组	优先合作领域
农业及渔业部门的可持续发展(SDAFS)	①促进研究、开发、创新和技术推广; ②促进对海洋生态系统、渔业和水产养殖的有效管理; ③加强农民组织与合作,增强小农户的抗风险能力,提高妇女在农业中的福利,增强小农户参与粮食供应和价值链的能力,并加强对小农户的服务和培训; ④确保土地和水等自然资源的可持续管理,加强农业和渔业管理,提高对自然灾害和全球气候变化的应对能力,并为弱势群体提供包括适当营养在内的食品安全保障
促进投资和基础设施发展(FIID)	①促进农业投资,包括支持在粮农组织指导下谈判的《负责任农业投资原则》; ②基础设施发展和外部直接投资的影响分析
促进贸易和市场(ETM)	①促进粮食和农产品贸易; ②减少粮食损失和浪费; ③改善治理框架; ④在利益相关方之间促进、研究和分享风险管理方法的最佳实践,以加强粮食安全; ⑤鼓励贸易和生产,鼓励以可持续的方式增加产出和产量

数据收集和汇编主要来源于已发表的亚太经济合作组织报告和相关网站,涵盖了亚太经济合作组织各工作组的工作,包括海洋渔业工作组(OFWG)、农业技术合作工作组(ATCWG),亚太经济合作组织农业生物技术高级别政策对话(HLPDAB);科学、技术和创新政策伙伴关系(PPSTI),亚太经济合

作组织贸易和投资委员会（CTI），亚太粮食安全信息平台（APIP），食品安全合作论坛（FSCF），世界粮食安全委员会，东盟粮食安全信息系统（AF-SIS）。

盘点工作存在一些局限性。第一，AFSR 的目标在本质上是广泛的，并且许多目标内涵来源不同；第二，亚太经济合作组织经济体提交的报告是基于各经济体，非第三方，对其客观性和真实性会产生一定影响；第三，现有报告、数据库和网站上的大多数信息更新并不及时。尽管如此，亚太经济合作组织经济体通过报告盘点也可以掌握路线图目标完成的大概情况，对于指导未来合作较有意义。

第二节 《亚太经合组织面向 2020 年粮食安全路线图》盘点结果

一、农业和渔业部门可持续发展工作组

1. 优先领域 1（PA1）：促进研究与发展和技术传播

农业和渔业部门的可持续发展工作组有 4 个优先领域（表 5-1）和 41 个目标（表 5-2、表 5-3、表 5-5、表 5-6）。

表 5-2 亚太经济合作组织经济体 WG1、PA1 目标

2020 年目标	参考来源
①促进农业和渔业的政府和公司研发支出	一些经济体，如中国、日本、巴布亚新几内亚等，已经采取措施，促进公共和私营部门在农业和渔业方面的研发支出。亚太经济合作组织记录了澳大利亚、印度尼西亚、马来西亚、新西兰和美国等经济体在农业和渔业方面的支出。具体信息来源如下： https：//www.apec.org/Achievements/Group/SOM-Steering-Committee-on-Economic-and-Technical-Cooperation/Working-Groups/Ocean-and-Fisheries； http：//www.fao.org/3/a-au866e.pdf； https：//stats.oecd.org/Index.aspx？DataSetCode=FISH_PAT_RD
②创造有吸引力的投资环境，鼓励私营部门对农业和渔业进行更多的研发投资	大多数经济体举办了培训班和研讨会，以评估在农业和渔业方面的投资风险。许多经济体在增加农业私营部门投资方面取得了进展，这些经济体包括文莱、加拿大、中国、韩国、马来西亚、新西兰、菲律宾、俄罗斯、新加坡、美国和越南等。具体信息来源如下： https：//www.apec.org/Achievements/Group/SOM-Steering-Committee-on-Economic-and-Technical-Cooperation/Working-Groups/Agricultural-Technical-Cooperation

（续表）

2020年目标	参考来源
③通过建立亚太经济合作组织研究机构和创新中心区域网络，促进亚太经济合作组织经济体研究机构和创新中心之间的互动	亚太经济合作组织研究中心开发了自主绿色社区智能电力管理，以促进研究院和创新中心之间的互动
④发展有效的公共技术传播系统，以加强能力建设和促进农业知识分享及转让，同时确保建立对性别问题敏感的传播系统	中国开发了智能农业技术来提高作物产量。新西兰开发了有效的技术来提高水稻生产能力。具体信息如下： https：//www.apec.org/Groups/SOM-Steering-Committee-on-Economic-and-Technical-Cooperation/Working-Groups/Policy-Partnership-on-Science-Technology-and-Innovation#：~：text=The%20PPSTI's%20mission%20is%20to,sector%20and%20other%20APEC%20fora； https：//www.apec.org/Groups/Other-Groups/Specialised-APEC-Centers； https：//www.apec.org/Groups/SOM-Steering-Committee-on-Economic-and-Technical-Cooperation/Working-Groups/Policy-Partnership-on-Science-Technology-and-Innovation#：~：text=The%20PPSTI's%20mission%20is%20to,sector%20and%20other%20APEC%20fora
⑤促进有效机制，促进自愿的公私技术转让，同时尊重知识产权	https：//www.apec.org/Groups/SOM-Steering-Committee-on-Economic-and-Technical-Cooperation/Working-Groups/Policy-Partnership-on-Science-Technology-and-Innovation#：~：text=The%20PPSTI's%20mission%20is%20to,sector%20and%20other%20APEC%20fora.%E2%80%9D； https：//www.apec.org/Groups/SOM-Steering-Committee-on-Economic-and-Technical-Cooperation/Working-Groups/Policy-Partnership-on-Science-Technology-and-Innovation#：~：text=The%20PPSTI's%20mission%20is%20to,sector%20and%20other%20APEC%20fora.%E2%80%9D
⑥为创新和新兴技术的使用、管制和贸易改善政策环境	为实现这一目标而努力改善政策环境，亚太经济合作组织科技创新政策伙伴关系（PPSTI）。 https：//www.apec.org/Groups/SOM-Steering-Committee-on-Economic-and-Technical-Cooperation/Working-Groups/Policy-Partnership-on-Science-Technology-and-Innovation#：~：text=The%20PPSTI's%20mission%20is%20to,sector%20and%20other%20APEC%20fora.%E2%80%9D； 《2019年亚太经合组织经济政策报告》：https：//www.apec.org/Publications/2019/11/2019-APEC-Economic-Policy-Report
⑦开发有效利用、可持续管理的农业和渔业资源技术	中国、日本和新西兰已经开发了这一领域的技术。 https：//www.apec.org/Achievements/Group/SOM-Steering-Committee-on-Economic-and-Technical-Cooperation/Working-Groups/Ocean-and-Fisheries https：//www.apec.org/Achievements/Group/SOM-Steering-Committee-on-Economic-and-Technical-Cooperation/Working-Groups/Agricultural-Technical-Cooperation 亚太经济合作组织海洋科学、技术和创新研讨会，促进海洋和海洋资源的科学管理和可持续利用，2016年第三届工作小组会议，日本主持召开。东南亚和拉丁美洲水稻部门气候智能水稻种植管理技术的能力建设

(续表)

2020年目标	参考来源
⑧发展农业技术以适应或减轻气候变化的影响	亚太经济合作组织已经认识到气候变化，并于2015年在菲律宾举办了为期两天的研讨会。 https：//www.apec.org/Achievements/Group/SOM-Steering-Committee-on-Economic-and-Technical-Cooperation/Working-Groups/Agricultural-Technical-Cooperation； 亚太经济合作组织成员气候变化合作研究、发展和推广计划研讨会（2015年）：https：//aimp2.apec.org/sites/PDB/Lists/Proposals/DispForm.aspx？ID=1675
⑨开放获取公共资助的农业相关数据	亚太经济合作组织农业科学数据共享与服务研讨会，2017年第5期，中国。 https：//www.apec.org/Achievements/Group/SOM-Steering-Committee-on-Economic-and-Technical-Cooperation/Working-Groups/Agricultural-Technical-Cooperation
⑩支持推动可持续生产力增长的举措，如G20农业首席科学家会议，其目标是确定全球研究重点和目标，促进公共部门和私营部门组织在关键领域的合作，并随着时间推移，跟踪既定目标的进展	2017年，中国举办了农业可持续发展路径探索研讨会。亚太粮食安全信息平台（APIP）。 https：//apip-apec.maff.go.jp
⑪对处于压力下的农业和渔业地区的资源进行分析，并确定使其潜力完全恢复或再生的方法和途径	没有关于农业和渔业区域资源的分析以及使其完全恢复或再生的方法的明确信息。 https：//www.apec.org/Achievements/Group/SOM-Steering-Committee-on-Economic-and-Technical-Cooperation/Working-Groups/Ocean-and-Fisheries； https：//www.apec.org/Achievements/Group/SOM-Steering-Committee-on-Economic-and-Technical-Cooperation/Working-Groups/Agricultural-Technical-Cooperation； 亚太地区海洋生态系统评估与管理第3期（2012年）。http：//publications.apec.org/Publications/2012/04/Marine-Ecosystem-Assessment-and-Management-in-the-AsiaPacific-Region-Phase-III-Pilot-APEC-Large-Mar； 加强农业与食品全球价值链冷链高级别公私论坛项目最终完成报告。http：//publications.apec.org/Publications/2016/02/Final-Project-Completion-Report-High-Level-PrivatePublic-Forum-on-Cold-Chain-to-Strengthen-Agricultu

注：WG1为农业和渔业部门可持续发展工作组；PA1为促进研究、开发和技术推广。

此外，盘点发现，许多经济体在目标①中一直积极推动公共和私营部门在农业和渔业方面的研究与进展，这些经济体包括澳大利亚、中国、印度尼西亚、日本、马来西亚、新西兰、巴布亚新几内亚和美国等。

为实现目标②，即创造一个有吸引力的投资环境，鼓励私营部门在农业和渔业领域进行更多的研发投资，为此，亚太经济合作组织各成员举办了研讨会和培训班。研讨会和培训班活动包括粮农组织关于执行和报告可持续发展目标最佳实践和技术研讨会；与农业有关的转基因生物安全和风险评估培训班；亚太经济合作组织海洋渔业可持续发展培训班；亚太经济合作组织——农业遗传资源风险管理系统实施能力建设研讨会；亚太经济合作组织作物生长模型培训班；亚太经济合作组织科技创新与合作促进可持续和包容性发展培训班；加强科技创新合作以提高粮食生产链附加值研讨会；亚太经济合作组织经济体间遥感和地理信息系统应用研讨会；作物生产遥感和地理信息系统技术培训班；粮食生产力和粮食安全研讨会；农业土地利用及其影响研讨会；亚洲及太平洋渔业产品增值生产和销售融资研讨会；第五届全球渔业执法培训班；2017年10月4—7日在符拉迪沃斯托克举办的海事讲习班；越南农业供应链和批发市场的作用讲习班；亚洲太平洋粮食安全高级别技术的投资评估和应用；农产品供应链和批发的作用讲习班以及亚洲及太平洋粮食安全高水平技术的投资评估和应用。另外，许多亚太经济合作组织成员经济体的研究机构和创新中心也在相互交流（目标③）。

2. 优先领域2（PA2）：促进海洋生态系统、渔业和水产养殖的有效管理

PA2的研究结果如表5-3所示。在PA2中，盘点发现许多亚太经济合作

表5-3 WG1、PA2目标的盘点

2020年目标	参考来源
①改善渔业管理和可持续水产养殖的做法	许多亚太经济合作组织经济体根据粮农组织守则实施了粮农组织渔业生产金融和贸易最佳实践守则。亚太经济合作组织在智利通过了EBFM。 https：//www.apec.org/Meeting-Papers/Annual-Ministerial-Meetings/2019/2019_AMM/Annex-C； http：//www.fao.org/asiapacific/news/detail-events/en/c/1294336
②促进可持续水产养殖实践	各成员通过知识交流和《2016年工作组手册》开展知识共享。2019年智利亚太经济合作组织打击非法、未报告和无管制的捕捞活动：file：///Users/user/Downloads/APEC%20Food%20Security%20Roadmap%20Towards%20202014som3027anx11%20（1）.pdf
③促进可持续的、有管理的小规模渔业和水产养殖	无信息
④通过技术能力培训，增加对渔业人力资源的投资，促进最佳的渔业管理和立法措施	无信息
⑤改善渔业发展方面的两性平等问题，确保不歧视妇女	无信息

注：WG1为农业和渔业部门的可持续发展；PA2为促进对海洋生态系统、渔业和水产养殖的有效管理。

组织经济体批准或遵守了各种国际协定和准则,以改善渔业管理和可持续水产养殖实践。协议和规范包括《联合国海洋法公约》,《联合国鱼类种群协定》[①]和《促进公海渔船遵守国际养护与管理措施协定》(表5-4)。亚太经济合作组织经济体也采取措施打击非法、未经申请和不受管制的渔业捕捞和相关贸易。亚太经济合作组织经济体还在2019年智利举行的第三次高级官员会议上通过了《亚太经合组织打击非法、未报告和无管制捕捞活动路线图》[②]。

表5-4 亚太经济合作组织成员对《联合国鱼类种群协定》和《促进公海渔船遵守国际养护与管理措施协定》的批准情况

序号	经济体	《联合国鱼类种群协定》[③] 批准日期(日/月/年)	《促进公海渔船遵守国际养护与管理措施协定》[④] 批准日期(日/月/年)
1	澳大利亚	(23/12/1999)	(19/08/2004)
2	文莱	—	—
3	加拿大	(03/08/1999)	(20/05/1994)
4	智利	—	(23/01/2004)
5	中国	—	—
6	中国香港	—	—
7	印度尼西亚	(28/09/2009)	—
8	日本	(07/08/2006)	(20/06/2000)
9	韩国	(01/02/2008)	(24/04/2003)
10	马来西亚	—	—
11	墨西哥	—	(11/03/1999)
12	新西兰	(18/04/2001)	(14/07/2005)
13	巴布亚新几内亚	(04/06/1999)	—
14	秘鲁	—	(23/02/2001)
15	菲律宾	(24/09/2014)	—
16	俄罗斯	(04/08/1997)	—
17	新加坡	—	—
18	中国台北	—	—
19	泰国	—	—
20	美国	(21/08/1996)	(19/12/1995)
21	越南	—	—

①《执行1982年12月10日〈联合海洋法公约〉有关养护和管理跨界鱼类种群和高度洄游鱼类种群的规定的协定》简称《联合国鱼类种群协定》。
②https://www.apec.org/Meeting-Papers/Annual-Ministerial-Meetings/2019/2019_AMM/Annex-C。
③https://www.un.org/Depts/los/reference_files/chronological_lists_of_ratifications.htm。
④https://www.researchgate.net/figure/List-of-the-parties-to-the-Compliance-Agreement_tbl3_264503052。

3. 优先领域3（PA3）：加强农民组织建设

PA3的结果如下表5-5所示。在PA3中，提到加强农民组织、重视小农户，促进妇女在农业中的福利[①]。盘点发现，许多成员经济体致力于实现第二

表5-5 WG1、PA3目标的盘点

2020年目标	参考来源
①为小农户提供方便和简单的农业资金来源	无信息
②支持小农户参与农业保险，降低农业风险	印度尼西亚和菲律宾已采取措施减轻无法预测的火山爆发带来的破坏性影响，特别是对贫穷社区的影响，这些社区大多数依靠农业生计。 http://www.fao.org/asiapacific/news/detail-events/en/c/1294336/
③通过农业教育和培训、获取信息和技术转让，增强农民和农民团体或组织的权能	无信息
④向小农和农民组织，包括妇女、农民和商人，提供公平进入市场的机会和关于农业和渔业产品的生产、供应、需求和价格的信息，以便他们有效地参与市场	2017年，中国举办了农业可持续发展路径探索研讨会。一些亚太经济合作组织经济体实施了粮农组织守则。FAO-农业市场信息系统和世界版权公约政府间委员会的数据，而美国农业部的数据是根据当地销售年份得出的。 在智利实施了基于生态系统的渔业管理方式： https://www.apec.org/Meeting-Papers/Annual-Ministerial-Meetings/2019/2019_AMM/Annex-C
⑤通过培训、推广服务和技术转让促进农业和渔业最佳实践的分享	通过知识交流进行了分享。《海洋与渔业工作组2016手册》。 file:///Users/user/Downloads/APEC%20Food%20Security%20Roadmap%20Towards%20202014som3027anx11%20（1）.pdf
⑥扩大妇女参加地方和区域农业协会的机会，注意到妇女团体和合作社往往是最难以成立和维持的	2019年，中国举办亚太经济合作组织妇女赋权与农业发展研讨会
⑦通过对农业项目影响进行基于性别的分析，开展有针对性的农业妇女项目，以确保这些妇女从实现可持续粮食安全的努力中获得最大利益	无信息

注：WG1为农业和渔业部门的可持续发展；PA3为加强农民组织与合作，增强小农户的抗风险能力，提高妇女在农业中的福利，增强小农户参与粮食供应和价值链的能力，加强对小农户的服务和培训。

---

①加强农民组织与合作，增强小农户的抗风险能力，提高妇女在农业中的福利，增强小农户参与粮食供应和价值链的能力，加强对小农户的服务和培训。PA3有7个目标。

个目标和第五个目标,即支持小农户参与农业保险,以降低农业风险;通过培训、推广服务和技术转让,促进农业和渔业最佳实践的分享。例如,印度尼西亚和菲律宾已经采取措施,减轻不可预测的火山爆发带来的毁灭性影响,特别是对大多数依赖农业的贫穷社区的破坏性影响[①]。

根据第五个目标,盘点发现,澳大利亚、新西兰和巴布亚新几内亚发起了一个关于交流最佳做法和政策的工作小组,特别是关于妇女在农业和渔业中的最佳实践和政策。[②]盘点无法确定是否符合目标①、目标③、目标⑥和目标⑦。

4. 优先领域4(PA4):确保自然资源的可持续管理等

PA4的研究结果如下表5-6所示。PA4[③]有18个目标,许多成员经济体一直在努力实现这些目标。成果如下,在目标①中,在促进有助于适应和减轻气候变化影响的农业生产做法方面,各成员经济体通过了《亚太经合组织农业和渔业妇女最佳做法纲要》。就目标②而言,促进可持续作物多样化和农业生产做法,这些做法有助于加强土地保护,同时减少对化肥的依赖,中国、加拿大、秘鲁、菲律宾和美国正在努力促进作物产量可持续增长,如转基因技术的惠益。就目标③而言,盘点发现中国台北已使用土壤电导率(EC)传感器(土壤盐度)和数据分析来确定作物的最佳收获时间。为了实现目标④,即通过鼓励使用对环境影响低的资源来发展可持续农业,澳大利亚、加拿大、中国、新加坡和美国等几个成员经济体已经实施了可持续农业发展。就目标⑤而言,即促进技术转移和最佳实践分享该地区土地和水资源的可持续管理,11个成员经济体,澳大利亚、文莱、印度尼西亚、马来西亚、巴布亚新几内亚、菲律宾、新加坡、泰国、越南还通过了《区域行动计划》(RPOA),提倡负责任的捕鱼方法,包括打击非法、未报告和无管制的捕捞活动。在目标⑥中,增加对亚太经济合作组织各经济体土地复垦项目建设的公私投资,对文莱、加拿大、新西兰、俄罗斯和美国等许多经济体实施了公私合作伙伴关系(PPP)。就目标⑧而言,盘点工作只能确定印度尼西亚在为农业和工业制

---

①与联合国粮食及农业组织(粮农组织)和世界动物保护协定,http://www.fao.org/asiapacific/news/detail-events/en/c/1294336。

②https://aimp2.apec.org/sites/PDB/Lists/Proposals/DispForm.aspx? ID=2243。

③确保土地和水等自然资源的可持续管理,加强农业和渔业的积极外部性,并最大限度地减少消极的社会和环境外部性,提高应对自然灾害和全球气候变化的能力,并为脆弱社区提供包括适当营养在内的食品安全网。

定的自然灾害防备准则。

表 5-6　WG1、PA4 目标的盘点

2020 年目标	参考来源
①推广有助于适应和减轻气候变化影响的农业生产实践	根据粮农组织，农业生产做法已得到推广和实施，主要基于技术（简编报告），然而，具体适应和减轻气候变化影响的问题尚未明确阐明。 2017 年，中国举办了亚太经济合作组织农业可持续发展需求评估和粮食安全——气候——资源区域研讨会。 https：//www.apec.org/Publications/2020/06； https：//apip-apec.maff.go.jp/cl/good-practices/1_4/1_4_1/；sustainable_food_production_system_under_climate_change.html
②促进可持续的作物多样化和有助于加强土地保护的农业生产做法，同时减少对化肥的依赖	在加拿大、秘鲁、菲律宾和美国等一些经济体中，有一些促进可持续作物（如通用电气技术）受益于生物技术作物的努力，但加强土地保护尚未在书面报告中得到证实国际农业生物技术应用服务组织 2015，4/27/2016； https：//aimp2.apec.org/sites/PDB/Lists/Proposals/DispForm.aspx?ID=2121
③发展和引进有效的保护系统以保持土壤肥力	中国台北正在使用土壤电导率（EC）传感器（土壤盐度）和数据分析来确定收获的最佳时间； https：//www.unwomen.org/en/what-we-do/economic-empowerment/facts-and-figures
④通过鼓励使用对环境影响小的资源，发展可持续农业	澳大利亚、加拿大、中国、美国、新加坡等亚太经济合作组织经济体已经实施了可持续农业发展。 https：//www.worldbank.org/en/topic/agriculture/brief/promote-environmentally-sustainable-agriculture； https：//aimp2.apec.org/sites/PDB/Lists/Proposals/DispForm.aspx?ID=2077
⑤促进土地和水资源可持续管理领域的技术转让和最佳实践分享	9 个参与的经济体，即澳大利亚、文莱、印度尼西亚、马来西亚、巴布亚新几内亚、菲律宾、新加坡、泰国和越南，通过了区域行动计划，以促进负责任的捕鱼做法，包括非法、未报告和无管制的捕捞。 https：//apip-apec.maff.go.jp/au/plan/files/37d230b932323ba22c2d2-d5afc17378f.pdf
⑥增加对亚太经济合作组织经济体土地复垦项目建设的公私投资	文莱、加拿大、新西兰、俄罗斯、美国等经济体已经实施了公私合作伙伴关系（PPP），已有数百个基础设施项目，投资金额巨大。 https：//apec.org/-/media/APEC/Publications/2018/11/2018-APEC-Economic-Policy-Report/TOC/Individual-Economy-Reports.pdf
⑦促进所有人和社会对自然资源的可持续利用	无信息
⑧为农民和工业制定关于防备自然灾害的普遍和自愿准则	这一要求在印度尼西亚的法律中有所反映。 https：//www.pertanian.go.id/home； https：//apip-apec.maff.go.jp/bn/policies
⑨促进数据和信息共享，扩大自然灾害防御工作和恢复工作的最佳实践	在韩国和越南举办了培训班，分享数据方案。 https：//aimp2.apec.org/sites/PDB/Lists/Proposals/DispForm.aspx?ID=1998

第五章 《亚太经合组织面向2020年粮食安全路线图》盘点

（续表）

2020年目标	参考来源
⑩在食品和市场供应链中建立协调一致的公私合作系统框架，以便进行自然灾害管理	澳大利亚、日本、韩国、马来西亚和美国等许多经济体已经引入了公私合作框架。 https：//aimp2.apec.org/sites/PDB/Lists/Proposals/DispForm.aspx?ID=2077
⑪促进农业和渔业基础设施建设，预防和应对自然灾害	包括文莱、加拿大、中国、韩国、马来西亚、新西兰、菲律宾、俄罗斯、新加坡、美国和越南在内的一些经济体，在发生自然灾害时对农业和渔业基础设施的公共投资有所改善。 https：//www.ers.usda.gov/webdocs/publications； https：//www.moa.gov.my/documents
⑫通过加大对供水基础设施的投资，改善可持续灌溉	加拿大、中国、马来西亚、美国和越南已对通过加大投资改善可持续灌溉表示关注。 https：//www.moa.gov.my/web/guest/mygap
⑬促进技术合作，以改善发展中国家的水资源管理	技术合作可以改善不同经济体之间和不同经济体内部的水资源综合管理。澳大利亚、加拿大、智利、中国、日本、墨西哥、秘鲁、菲律宾、俄罗斯、泰国和美国都有这样的合作。 https：//aimp2.apec.org/sites/PDB/Lists/Proposals/DispForm.aspx?ID=2499
⑭促进水资源管理和旧设施的翻新，以便更有效地利用有限的水资源	澳大利亚、加拿大、中国、新西兰、巴布亚新几内亚、秘鲁等一些经济体在水资源管理方面采取了主动行动，以促进农业部门利益相关方之间的动态关系。 https：//aimp2.apec.org/sites/PDB/Lists/Proposals/DispForm.aspx?ID=2237
⑮促进参与性灌溉管理（PIM）和了解水田和农业用水的多种功能	东南亚和拉丁美洲水稻部门开展了气候智能水稻种植管理技术。参与的经济体包括智利、日本、马来西亚、墨西哥、新西兰、菲律宾、泰国和越南。 https：//aimp2.apec.org/sites/PDB/Lists/Proposals/DispForm.aspx?ID=2149
⑯确定充分鼓励农民、农业食品部门和消费者的政策选择和市场办法，以便更好地对市场变化作出反应，并有助于采取防止水土流失和防止洪水等积极措施	加拿大农业和农业食品部（加拿大）、中国农业科学院（中国）、卫生科学管理局（新加坡）、美国农业部（美国）参与了实现这一目标的工作。 http：//www.caas.cn/en
⑰确定粮食不安全的社区，采取有针对性的步骤克服这些问题，包括主要为孕妇和儿童提供适当的营养	在像加拿大和美国这样的经济体中，很少有适合女性的最佳做法。https：//www.unicef.org/media/60806/file/SOWC-2019.pdf； http：//www.fao.org/3/a-x8200e.pdf
⑱促进关于食物的比较营养价值和关于儿童发育期间充足营养的必要性的数据和信息	无信息

注：WG1为农业和渔业部门的可持续发展；PA4为确保土地和水等自然资源的可持续管理，加强农业和渔业的积极外部性并最大限度地减少消极的社会和环境外部性，提高对自然灾害和全球气候变化的抗灾能力，并为脆弱社区提供包括适当营养在内的食品安全网。

为了实现目标⑨，促进数据和信息共享以及扩大自然灾害防御和恢复工作的最佳实践，韩国和越南等成员经济体举办了讲习班并实施了数据共享计划。就目标⑩而言，澳大利亚、日本、马来西亚、韩国和美国等许多经济体在自然灾害管理的粮食和市场供应链中引入了公私合作框架。就目标⑪而言，文莱、加拿大、中国、韩国、马来西亚、新西兰、菲律宾、俄罗斯、新加坡、美国和越南等几个经济体在发生自然灾害的情况下，改善了农业和渔业基础设施的公共投资。就目标⑫而言，加拿大、中国、马来西亚、美国和越南已表示关注通过加大对水基础设施的投资来改善可持续灌溉。为了实现目标⑬，一些经济体开展技术合作，以改善发展中经济体的水资源管理。这些经济体包括澳大利亚、加拿大、智利、中国、日本、墨西哥、秘鲁、菲律宾、俄罗斯、泰国和美国。就目标⑭而言，澳大利亚、加拿大、中国、新西兰、巴布亚新几内亚和秘鲁等一些经济体已经采取了水资源管理举措，以促进农业部门利益相关者之间的动态关系。在目标⑮中，各经济体在东南亚和拉丁美洲水稻部门开展了智能气候水稻种植管理技术等方面的能力建设。参与的经济体包括智利、日本、马来西亚、墨西哥、新西兰、菲律宾、泰国和越南。在目标⑯方面，中国农业科学院（中国）、加拿大农业和农业食品管理局（加拿大）、新加坡卫生科学管理局（新加坡）和美国农业部（美国）参与了实现该目标的工作。主要是制定政策和市场方法，充分激励农民、农产品部门和消费者，以更好地应对市场变化，并为采取防止水土流失和防洪等积极措施作出贡献。为了实现目标⑰，中国、加拿大和美国参与了为妇女制定最佳做法的工作。目标⑰是确定粮食不安全社区，并采取有针对性的步骤克服这些问题，主要包括为孕妇和儿童提供适当的营养。盘点未能找到关于目标⑦的任何信息，即促进所有人和社会可持续地利用自然资源；以及目标⑱，即提供关于食物的比较营养价值和关于儿童发育期间充足营养的必要性的数据和信息。

二、促进投资和基础设施发展（FIID）

FIID有两个优先领域。PA1侧重于通过支持农业和粮食系统责任投资原则（PRIAFS）来促进农业投资，PA2着重于基础设施的发展和分析FDI的影响。PA1和PA2的目标实现情况见表5-7。

表 5-7 WG2 的 PA1/PA2 目标的盘点

2020 年目标	参考来源
①增加农业方面的公共投资	文莱、加拿大、中国、韩国、马来西亚、新西兰、菲律宾、俄罗斯、新加坡、美国和越南等都报告了农业公共投资的增加
②创造有吸引力的商业环境，鼓励私营部门更多地投资农业	许多经济体，包括澳大利亚、文莱、韩国、马来西亚、新西兰、巴布亚新几内亚和美国（仅举几个例子），一直在努力创造一个有吸引力的商业环境，以鼓励更多的农业投资，特别是来自私营部门的投资 https：//agpal.ca； https：//www.gfar.net； http：//english.agri.gov.cn； https：//www.afcd.gov.hk/english/agriculture/sadf Japan – Summary of the Basic Plan for Food, Agriculture and Rural Areas； http：//www.mafra.go.kr/english/1416； https：//www.moa.gov.my/documents； https：//documents.pub/document； https：//www.mpi.govt.nz/funding-and-programmes/farming
③确保高水平的投资者保护，包括维护和执行投资者的权利和要求，以及保护强大的知识产权，包括植物品种保护（PVP）	关于各经济体在确保高水平的投资者保护方面取得进展的信息很少。文莱、秘鲁、菲律宾、新加坡提供了 APIP 网站上的信息： https：//apip-apec.maff.go.jp/bn/policies/2014/03/25； https：//apip-apec.maff.go.jp/pe/policies/2014/03/25； https：//apip-apec.maff.go.jp/ph/policies/2014/03/25； https：//www.ipos.gov.sg； https：//apip-apec.maff.go.jp/tw/policies/2014/03/25
④整合亚太粮食安全信息平台的信息	并非所有经济体都提供了 APIP 所需的信息。澳大利亚、智利、日本、秘鲁、俄罗斯和马来西亚等地都在积极整合网站上的信息。 https：//apip-apec.maff.go.jp
⑤通过亚太经济合作组织信息平台分享农业投资的良好做法	并非所有经济体都分享关于亚太地区农业投资良好做法的信息。智利、日本、秘鲁、俄罗斯和马来西亚等积极分享网站信息。 https：//apip-apec.maff.go.jp
⑥在公私伙伴关系框架内，利用公私伙伴关系机制，编制未来发展基础设施项目清单	有关这些经济体未来基础设施项目的信息很少。文莱、中国、墨西哥、巴布亚新几内亚、秘鲁和美国等提供了有关基础设施项目的信息。这些项目是否在公私伙伴关系框架内的公共私营伙伴关系机制内尚不清楚。 https：//apip-apec.maff.go.jp/au/good-practices/files； https：//oxfordbusinessgroup.com/news； https：//www.gfar.net/sites/default/files； http：//english.agri.gov.cn/news/dqnf/201702； https：//www.mpi.govt.nz/funding-and-programmes； https：//apip-apec.maff.go.jp/pe/policies
⑦构建亚太经济合作组织运行良好、协调一致的交通物流网络	包括澳大利亚、文莱、加拿大、智利、中国、印度尼西亚、日本、韩国、墨西哥、秘鲁、菲律宾、俄罗斯和美国等在内的大多数经济体，都在发展一个运作良好、协调良好的运输和物流网络方面取得了进展。 https：//apip-apec.maff.go.jp/au/good-practices； https：//apip-apec.maff.go.jp/bn/policies/2014/03/25； https：//apip-apec.maff.go.jp/ca/good-practices； https：//apip-apec.maff.go.jp/cl/policies/2014/03/25/China； https：//www.afcd.gov.hk/english/agriculture； https：//www.pertanian.go.id/home； https：//www.maff.go.jp/e/policies/law_plan

(续表)

2020年目标	参考来源
⑦构建亚太经济合作组织运行良好、协调一致的交通物流网络	http：//www.mafra.go.kr/english/1482/subview.do； https：//www.moa.gov.my/documents/20182/29029； https：//apip-apec.maff.go.jp/mx/policies/2_1/2_1_5； https：//apip-apec.maff.go.jp/pe/policies/2014/03/25； https：//apip-apec.maff.go.jp/ph/policies/2014/03/25； https：//apip-apec.maff.go.jp/ru/good-practices； https：//www.sfa.gov.sg/food-import-export； https：//apip-apec.maff.go.jp/tw/policies/2014/03/25； https：//apip-apec.maff.go.jp/th/policies/2014/03/25； https：//apip-apec.maff.go.jp/vn/policies/2014/03/25； https：//apip-apec.maff.go.jp/members/2014/06/20/files/13_Mr. Hill.pdf； https：//apip-apec.maff.go.jp/cn/good-practices/1_10/liu_2014_current_situation_and_development_suggestions_of_chinese_agricultural_product_value_chain.html； https：//www.ers.usda.gov/webdocs/publications/41623/28667_aer83-0b_1_.pdf
⑧通过发展粮食市场和供应链的基础设施，包括利用公共私营伙伴关系，减少收获后的损失	大多数经济体都认识到通过发展基础设施以减少收获损失的重要性。然而，建立公共私人伙伴关系仍有困难，因为关于实现这一目标的信息很少。 https：//apip-apec.maff.go.jp/au/good-practices/1_10/_foodmap； https：//apip-apec.maff.go.jp/bn/policies/2014/03/25； https：//apip-apec.maff.go.jp/ca/good-practices/1_10/the_value_chain_roundtables_vcrts.html； http：//english.agri.gov.cn； https：//www.afcd.gov.hk/english/agriculture； https：//www.pertanian.go.id/home； https：//www.maff.go.jp/e/policies/law_plan； http：//www.mafra.go.kr/english/1482； https：//www.moa.gov.my/documents/20182/29029； https：//apip-apec.maff.go.jp/mx/policies/2014/03/25； https：//apip-apec.maff.go.jp/ph/policies/2014/03/25； https：//www.sfa.gov.sg/food-farming/post-harvest-technology http：//www.mekonginstitute.org/program-185； https：//apip-apec.maff.go.jp/vn/good-practices/1_10； Chile-Carmen Bain（2010）Governing the Global Value Chain； https：//apip-apec.maff.go.jp/cl/good-practices/1_10/carmen_bain_2010_governing_the_global_value_chain_globalgap_and_the_chilean_fresh_fruit_industry.html； https：//apip-apec.maff.go.jp/members/2014/06/20/files/13_Mr. Hill.pdf； https：//hdl.handle.net/1959.11/16064； https：//www.researchgate.net/profile/Andre_Devaux/publication/264975667_The_Participatory_Market_Chain_Approach_PMCA_from_the_Andes_to_Africa_and_Asia/links/53f927dc0cf27c365ceaaa61/The-Participatory-Market-Chain-Approach-PMCA-from-the-Andes-to-Africa-and-Asia.pdf?origin=publication_detail

第五章 《亚太经合组织面向2020年粮食安全路线图》盘点

（续表）

2020年目标	参考来源
⑨在粮农组织的指导下，为亚太经济合作组织经济体参照负责任的农业投资（PRAI）原则制定活动/商业计划框架	这方面几乎没有可用的信息。 www.fao.org/3/a-au866e.pdf
⑩制定利用冷链基础设施发展食品工业的政策/路线图，并启动几个试点项目，通过公私伙伴关系在选定的经济体中建设冷链基础设施	智利等一些经济体《智利2030年愿景》对农业创新进行了规划、日本《日本增强竞争力的农业政策方案》、马来西亚《马来西亚国家农业政策》（2011—2020年），巴布亚新几内亚《巴布亚新几内亚国家食品安全政策》（2018—2027年）和美国《美国农业部农业预测到2029年食品安全政策》。 https：//www.gfar.net/sites/default/files/files/298_Chile_Vision_2030_； https：//apip-apec.maff.go.jp/cn/good-practices； https：//www.pertanian.go.id； https：//www.maff.go.jp/e/policies/law_plan； http：//www.mafra.go.kr/english/1431； https：//www.moa.gov.my； https：//documents.pub/document/new-vision-for-agrifood-development-in-mexico； https：//apip-apec.maff.go.jp/members/2014/06/20； http：//www.agriculture.gov.pg； https：//apip-apec.maff.go.jp/pe/policies/2_1/2_1_5； http：//documents.worldbank.org/curated/en； https：//apip-apec.maff.go.jp/sg/good-practices/1_10/US-USDA Agricultural Projections to 2029-Interagency Agricultural Projections Committee.-https：//www.ers.usda.gov/webdocs/publications； http：//ap.fftc.agnet.org/files/ap_policy/998/998_1.pdf； http：//ap.fftc.agnet.org/files/ap_policy/980/980_1.pdf
⑪促进负责任的农业投资，促进粮食安全和营养	大多数经济体都热衷于促进负责任的农业投资。为了实现这一目标，澳大利亚、加拿大、智利、新西兰、墨西哥、秘鲁和菲律宾等经济体建立了各自的国家食品营养研究机构。 https：//www.csiro.au/en/About； http：//www.agriculture.gov.bn； http：//www.agr.gc.ca/eng/food-products/?id=1360881916382； https：//apip-apec.maff.go.jp/cl/good-practices/1_9/1_9_1/food_safety_plans_and_promotion_for_haccp.html； http：//english.agri.gov.cn/news/dqnf/201702/t20170206_247179.html； https：//www.afcd.gov.hk/english/agriculture； http：//www.irti.org/irj/go/km/docs； http：//www.mafra.go.kr/english/1485/subview.do； https：//apip-apec.maff.go.jp/mx/policies/2014/03/25； https：//www.mpi.govt.nz/haumaru-kai-aotearoa-nz-food-safety； http：//www.agriculture.gov.pg/wp-content/uploads/2018/12； https：//apip-apec.maff.go.jp/pe/policies/2_2/2_2_1/Philippines. http：//www.gov.ph/section/legis/republic-a. https：//www.sfa.gov.sg/food-farming/farming-initiatives； https：//www.fns.usda.gov/programs； https：//www.moa.gov.my/web/guest/mygap；

（续表）

2020年目标	参考来源
⑪促进负责任的农业投资，促进粮食安全和营养	https://apip-apec.maff.go.jp/ja/good-practices/1_10/nabeshima_2014_import_rejections_of_agricultural_and_food_products_from_east_asia_issues_and_future_.html； http://ap.fftc.agnet.org/files/ap_policy/202/202_1.pdf
⑫在与国际金融机构（银行、基金等）合作的框架内，支持旨在加强亚太经济合作组织经济体粮食安全的投资计划	发展中的亚太经济合作组织经济体，如巴布亚新几内亚、印度尼西亚和菲律宾，需要加强粮食安全的项目。 http://www.agriculture.gov.pg/wp-content/uploads/2019/05/PPAP_Project-Information-Leaflets.pdf； http://www.da.gov.ph/services/special-programs-project-coordination-assistance/foreign-assisted-projects； http://documents.worldbank.org/curated/en/148121468092976669/pdf/290130fixed0wb1agroruss1eng； https://eng.coa.gov.tw/ws.php?id=2505457； https://www.mard.gov.vn/en/Pages/international-cooperation.aspx
⑬传播有关使用信息技术的知识，使用"精耕细作"技术成为可能	许多经济体已经开始分享农业IT方面的信息。 https://www.agriculture.gov.pg/publications/e-agriculture-strategy； http://www.fadr.msu.ru/fadr_e/index_e.Html； https://www.sfa.gov.sg/food-farming； http://ap.fftc.agnet.org/files/ap_policy/1005/1005_1.pdf； http://apjcn.nhri.org.tw/server/APJCN/18/4/520.pdf； http://ap.fftc.agnet.org/files/ap_policy/970/970_1.pdf
⑭解决供应链贸易壁垒，如市场准入、边界管理以及电信和运输基础设施	为了解决供应链对贸易的阻碍，一些经济体就这个问题进行了研究。例如，澳大利亚的研究是基于2010年12月昆士兰洪水的影响。对于其他经济体，如文莱、加拿大、智利、中国、印度尼西亚、日本、韩国、马来西亚等，有几个项目正在进行或准备进行中，以提高物流效率和能力。 https://apip-apec.maff.go.jp/au/good-practices； https://apip-apec.maff.go.jp/bn/policies/2014/03/25； https://apip-apec.maff.go.jp/ca/good-practices/1_10； https://apip-apec.maff.go.jp/cl/good-practices/1_10； https://apip-apec.maff.go.jp/cn/good-practices/1_10/liu_2014； https://www.pertanian.go.id/home； https://www.maff.go.jp/e/policies/law_plan/attach/pdf； http://www.mafra.go.kr/english/1482/subview.do； https://www.moa.gov.my/documents； http://www.agriculture.gov.pg； https://apip-apec.maff.go.jp/ph/policies/2014/03/25； https://apip-apec.maff.go.jp/ru/good-practices； https://www.sfa.gov.sg/food-import-export； https://apip-apec.maff.go.jp/tw/good-practices/1_10； https://www.ers.usda.gov； https://apip-apec.maff.go.jp/vn/good-practices； https://apip-apec.maff.go.jp/mx/good-practices/1_10/prentice_and_mclachlin_2008_industry_issue_paper_refrigerated_food_transport_from_canada_to_mexico_c.html；

(续表)

2020 年目标	参考来源
⑭解决供应链贸易壁垒，如市场准入、边界管理以及电信和运输基础设施	https：//apip - apec. maff. go. jp/members/2014/06/20/files/13 _ Mr. Hill.pdf； https：//www.researchgate.net/profile/Andre_Devaux/publication/26497-5667_The_Participatory_Market_Chain_Approach_PMCA_from_the_Andes_to_Africa_and_Asia/links/53f927dc0cf27c365ceaaa61/The - Participatory - Market - Chain - Approach - PMCA - from - the - Andes - to - Africa-and-Asia.pdf? origin = publication_detail； http：//www.fao.org/3/i3122e/i3122e.pdf

注：WG2 为促进投资和基础设施建设；PA1 为促进农业投资，包括支持在粮农组织指导下谈判负责任的农业投资原则；《农业和粮食系统负责任投资原则》已于 2014 年 10 月由世界粮食安全委员会通过。www.fao.org/3/a-au866e.pdf；PA2 为基础设施建设与外商直接投资的影响分析（FDI）。

优先领域 1（PA1）涉及促进农业投资，包括支持在粮农组织指导下就负责任的农业投资和粮食安全原则进行谈判。PRIAFS 于 2014 年 10 月在世界粮食安全委员会上通过[①]，农业和粮食系统负责任的投资对提高粮食安全至关重要。这项原则的目的是促进负责任的投资，以改善粮食安全，并在经济体粮食安全的范围内促进足额粮食供应权。

PRIAFS 是一个经济体自愿使用的工具，针对农业粮食系统的所有参与方，并提供实际指导。PRIAFS 是所有相关方（即政府、民间团体、私营部门、国际组织、私人基金会和研究机构）的合作产物。然而，由于数据不足，盘点工作未能确定亚太经济合作组织各成员经济体有关各方是否已采纳和实施了 PRIAFS。

为确定这两个优先领域的执行水平，报告参考了亚太粮食安全信息平台（APIP）的内容[②]。APIP 是 AFSR 实现的目标之一。APIP 是亚太经济合作组织经济体分享粮食安全措施相关信息的系统，是在 2010 年日本新潟举行的亚太经济合作组织粮食安全部长级会议上达成的《亚太经合组织粮食安全行动计划》中明确完成的合作内容。

除了整合信息外，亚太经济合作组织各经济体还需要通过 APIP 分享其农业投资的良好做法。然而，并非所有亚太经济合作组织成员经济体愿意分享其农业计划和投资的活动。盘点发现，澳大利亚、智利、日本、马来西亚、

---

①www.fao.org/3/a-au866e.pdf。

②www.apip-apec.maff.go.jp。

秘鲁、俄罗斯等都是积极整合网站信息的经济体。

在实现粮食安全方面，大多数经济体希望创造一个有吸引力的商业环境，以鼓励更多的农业投资，特别是私营部门。然而，并不是所有关于私营部门在农业领域投资进展的信息都可以在 APIP 上获得。该报告必须参考经济体官方农业网站收集到的更多信息[①]。

三、促进贸易和市场

1. PA1：促进粮食和农产品贸易

第三工作组，加强贸易和市场，共有 5 个优先领域和 22 个目标。PA1 主要关于促进食品和农产品贸易，盘点结果见表 5-8。为促进食品和农产品贸易，亚太经济合作组织已通过《亚太经合组织食品安全现代化框架》，努力促进贸易，以确保成员经济体遵守世界贸易组织的规定。这项努力的目标是提高透明度，促进标准的协调和遵守以科学为基础的国际公认标准。

另一方面，报告指出，减少农产品贸易壁垒的努力进展缓慢[②]。虽然亚太经济合作组织就出口措施对食品安全的影响进行了研究，但这项研究仍在进行中。

表 5-8 WG3、PA1 目标的盘点

2020 年目标	参考来源
①确保结束农产品贸易保护主义的措施	与其他经济体相比，泰国一直大量实施非关税措施。https://www.apec.org/Groups/Committee-on-Trade-and-Investment；《亚太经合组织农业和食品贸易的非关税壁垒：影响和解决方案的商业视角》，亚太经济合作组织商业咨询理事会，美国南加利福尼亚大学马歇尔商学院

---

①参考经济体系的农业官方网站：www.usda.gov；www.moa.gov.my；www.maff.go.jp；www.agriculture.gov.au；www.mafra.go.kr；www.agriculture.gov.pg；www.agriculture.gov.bn。

②根据亚太经济合作组织经济体的记录，由于泰国经济高度依赖农产品，泰国在农产品贸易领域实行的保护主义最为严重。参见《亚太经合组织农业和食品贸易的非关税壁垒：影响和解决方案的商业视角》，亚太经济合作组织商业咨询理事会与美国南加利福尼亚大学马歇尔商学院，2016 年 11 月。

第五章 《亚太经合组织面向 2020 年粮食安全路线图》盘点

（续表）

2020 年目标	参考来源
②研究与贸易有关的措施，特别是影响粮食的出口措施	现有研究主要集中于对 2016 年实现亚太自贸区相关问题的集体战略研究 https：//www.apec.org/Groups/Committee-on-Trade-and-Investment； 全球价值链中贸易和投资相互依存问题培训班：贸易和投资协定等贸易和投资政策框架是否保持同步， https：//www.apec.org/Publications/2019/11/Workshop-on-Trade-and-Investment-Inter-dependencies-in-Global-Value-Chains
③促进区域一体化市场发展	无信息
④加强对农产品市场的信心，建立有效的市场信息收集和传播制度	许多成员经济体已经建立了收集、传播和分析食品市场信息的有效系统。 https：//www.apec.org/About-Us/About-APEC/Fact-Sheets/APEC-and-Food-Security 2018 年 9 月 14 日，《亚太经合组织与粮食安全》文件陈述相关内容 https：//www.apec.org/About-Us/About-APEC/Fact-Sheets/APEC-and-Food-Security
⑤遵守基于科学的、国际普遍接受的标准，即《食品法典》、世界动物卫生组织（OIE）、《国际植物保护公约》（IPPC）和粮农组织、世卫组织的倡议以及专门的世贸组织技术贸易壁垒（TBT）和世贸组织 SPS 协定	亚太经济合作组织多个经济体签署并批准了世界贸易组织《贸易便利化协定》。 https：//www.apec.org/Groups/Committee-on-Trade-and-Investment 实施与世贸组织贸易便利化协定有关的项目的能力建设和技术援助
⑥确保遵守世贸组织的规定，以提高透明度	许多亚太经济合作组织经济体已经签署并批准了世贸组织《贸易便利化协定》。促进贸易的亚太经济合作组织食品安全现代化框架，亚太经济合作组织秘书处，新加坡 https：//www.apec.org/Groups/Committee-on-Trade-and-Investment
⑦重申在 2015 年底之前不实施新的出口限制的承诺《2012 年亚太经合组织领导人宣言》	APEC 许多经济体仍有出口限制。数据来源于 2014 年 1 月至 2020 年 4 月的全球贸易预警数据库。
⑧为支持亚太经济合作组织现有的供应链，并与 CTI 协调，有效改进食品供应链连通性的全球数据标准	亚太经济合作组织发布了一些指南，例如《亚太经合组织关于采用全球数据标准的指导方针和最佳做法》。 https：//www.apec.org/Publications/2020/03/APEC-Guidelines-and-Best-Practices-for-the-Adoption-of-Global-Data-Standards https：//www.apec.org/Groups/Committee-on-Trade-and-Investment
⑨分析亚太经济合作组织经济体的食品市场信息，如价格水平和价格波动的影响	无信息
⑩提高市场透明度	无信息

(续表)

2020年目标	参考来源
⑪支持亚太经济合作组织和世界贸易组织内有关环保产品和服务（即"绿色产品"）的谈判	无信息

注：WG3为促进贸易和市场；PA1为促进粮食和农产品贸易。

2. PA2：减少食物损失和浪费

减少食物损失和浪费（FLW）有5个目标，PA2的盘点结果见表5-9。大多数亚太经济合作组织经济体已将第一和第二目标纳入其FLW计划。亚太经济合作组织14个成员一直致力于通过《关于FLW的全面计划》，均为实现第三个目标而努力。《亚太经合组织2018年减少粮食损失和浪费可行的解决方案报告》建议亚太经济合作组织成员采取一定措施，以实现AFSR确定的主要目标。这些措施包括改进评估方法、开展数据收集、FLW量化评估、开展相应的教育活动、开展技术援助、开展设备支持、改进处理和运输、加强能力建设和食品回收以及与亚太经济合作组织其他有关分论坛和国际组织的能力建设相链接。报告认为，亚太经济合作组织各成员在实现第4个目标方面仍有进展。

表5-9 WG3、PA2目标的盘点

2020年目标	参考来源
①制定统一的方法估计食物损失和浪费	各经济体已开始开展相关工作，实施这些目标。《亚太经合组织减少粮食损失和浪费可行的方案调查报告》。 https：//www.apec.org/Publications/2018/09/APEC-Survey-Report-on-Feasible-Solutions-for-Food-Loss-and-Waste-Reduction； https：//www.apec.org/Groups/SOM-Steering-Committee-on-Economic-and-Technical-Cooperation/Working-Groups/Agricultural-Technical-Cooperation
②确定分配渠道中粮食损失和浪费的主要来源（农场储存、粮食收获、食品加工业、运输、零售商和家庭食用），并为发展中经济体和工业化经济体的特定产品编制区域战略	《全球粮食危机报告》 https：//docs.wfp.org/api/documents/WFP-0000114546/download/?_ga=2.181027876.2085965703.1592808169-1745501211.1592808-169
③提出一项计划，力求达到减少粮食损失和浪费的目标	《亚太经合组织减少粮食损失和浪费可行的方案调查报告》。 https：//www.apec.org/Publications/2018/09/APEC-Survey-Report-on-Feasible-Solutions-for-Food-Loss-and-Waste-Reduction； https：//www.apec.org/Groups/SOM-Steering-Committee-on-Economic-and-Technical-Cooperation/Working-Groups/Agricultural-Technical-Cooperation

(续表)

2020年目标	参考来源
④促进亚太经济合作组织区域内的最佳实践交流	https：//www.apec.org/search？Query＝APEC＋Policy＋Partnership＋on＋Food＋Security； https：//www.apec.org/Publications/2019/10/Reducing－Food－Waste－by－Using－Information－and－Communications－Technology－and－Innovative-Technologies
⑤通过公私伙伴关系加强发展中经济体的粮食供应链和减少粮食损失	通过改进推广服务，为农民提供必要的技术和管理知识来处理和储存，仅马来西亚和中国台北具有可用数据。加强对现代农业机械设备、仓储设施和运输基础设施的投资：智利、中国台北、越南有数据。促进鼓励小农组织、多样化和扩大生产和销售的计划。加拿大、智利、菲律宾、马来西亚、美国、越南等有数据。利用冷链基础设施加强对食品供应链的投资，以发展食品制造业，帮助增加农业生产者的收入。提供智利、中国台北和越南的资料。 《亚太经合组织减少粮食损失和浪费可行的方案调查报告》，https：//www.apec.org/Publications/2018/09/APEC－Survey－Report－on-Feasible-Solutions-for-Food-Loss-and-Waste-Reduction； https：//www.apec.org/search？Query＝APEC＋Policy＋Partnership＋on＋Food＋Security； https：//www. apec. org/Groups/SOM － Steering － Committee － on －Economic－and－Technical－Cooperation/Working－Groups/Agricultural－Technical-Cooperation

注：WG3为促进贸易和市场；PA2为减少食物损失和浪费。

3. PA3，PA4，PA5：完善治理框架，促进、研究和分享风险管理的最佳实践

PA3提出了完善亚太经济合作组织粮食安全治理框架的5项目标；PA4有3个目标，即在利益相关方之间促进、研究和分享风险管理方法的最佳实践，以加强粮食安全；PA5还制定了鼓励贸易和生产的目标，以可持续的方式促进产量增长。PA3、PA4、PA5的盘点结果见表5-10。在PA3中，由于数据不足，报告未能确定每个目标的达成水平。对PA4盘点发现，分享风险管理方法的最佳实践，以加强亚太经济合作组织经济体的粮食安全，这一目标正在逐步实现。此外，该报告没有找到任何具体的计划或行动，以评估粮食安全威胁的可能性和影响。此外，PA5没有设定任何具体目标。此次盘点没有发现2015—2020年亚太经济合作组织各经济体共享的具体进展数据。

表 5-10 WG 3、PA3、PA4、PA5 目标的盘点

2020 年目标	参考来源
①在亚太经济合作组织经济体之间就其粮食安全政策治理框架及其与私营部门的粮食安全沟通战略交流战略和经验	2014 年亚太经济合作组织应对粮食安全新挑战，https://www.apec.org/Press/News-Releases/2014/0514_PPFS； https://www.apec.org/search?Query=APEC+Policy+Partnership+on+Food+Security
②鼓励亚太经济合作组织各经济体为区域内粮食安全政策和沟通战略建立最佳或更好的治理框架，例如，设立由私营部门和民间成员组成的政策审议委员会，以便在政策规划阶段吸收外部利益相关方的观点；在作出重要政策决定之前征求私营部门和民间社会的意见	2012 年亚太经济合作组织的食品安全政策，https://www.apec.org/Publications/2012/09/Food-Security-Policies-in-APEC； https://www.apec.org/search?Query=APEC+Policy+Partnership+on+Food+Security
①评估粮食安全威胁的可能性和影响，在评估过程中征求利益相关方的意见	世界粮食计划署，https://www.wfp.org/news； 亚太经济合作组织 2020 展望，https://www.apec.org/Press/Features/2016/1113_2020
②为每个亚太经济合作组织成员经济体制定多样化的战略，以应对各种潜在的经济和环境风险	中小企业防灾准备，https://www.apec.org/Press/Features/2014/0324_smes
③分享风险管理方法的最佳做法，以加强亚太经济合作组织经济体的粮食安全	根据最佳做法工作流程，粮食安全和气候变化 2018—2020 年多年行动计划。 https://www.apec.org/Meeting-Papers/Sectoral-Ministerial-Meetings/Food-Security/2017_food_security/MYAP； 在鼓励贸易和生产方面，APEC 经济体作了大量努力，以鼓励增加产量。 2017 年数字支付在可持续农业和粮食安全中的作用，https://www.apec.org/Publications/2017/10/The-Role-of-Digital-Payments-in-Sustainable-Agriculture-and-Food-Security

注：WG3 为促进贸易和市场；PA3 为改善治理框架；PA4 为在利益相关方之间促进、研究和分享风险管理方法的最佳做法，以加强粮食安全；PA5 为鼓励贸易和生产，鼓励以可持续的方式增加产量。

第三节　新冠肺炎疫情对亚太地区粮食安全的影响

由于新冠肺炎疫情的影响，亚太经济合作组织成员经济增长潜力下降，由此而产生的经济衰退将导致零售业、制造业、旅游业和其他行业遭受重创，

这些部门以及其他私营企业的失业人数增加，收入减少①。失业率的增加还将导致贫困率上升，这将导致获得粮食机会的不平等②。由于出行限制造成的食品供应链紧张、因感染新冠肺炎而对公民造成的健康侵害以及物流中断等都增加了食品获取方面的风险，可见新冠肺炎疫情已经影响到整个粮食系统和粮食供应链。由于物流、贸易和供应链的限制，以及贸易禁令造成的干扰，对亚太经济合作组织经济体的粮食和农产品供应及价格上涨起到了推波助澜的作用。

尽管粮食安全和粮食供应链面临挑战，但根据粮农组织 2020 年 3 月的粮食价格指数，全球粮食供应和价格仍保持稳定，这主要是由于封锁和隔离造成的需求收缩。粮食需求的减少可归因于购买力、生产和分配粮食的能力的下降，这可能影响到贫困人口及弱势群体③。虽然全球食品价格貌似较为稳定，但由于粮食价格的不确定性影响因素较多，各经济体食品价格仍有上涨的可能性④。由于屠宰场的关闭，亚太经济合作组织的几个经济体内已经受到冲击，包装设施不足或不可用，以及因检疫和行动限制而造成的劳动力短缺问题层出不穷。此外，由于工作性质和经济条件差异，低收入的工人很容易受到疫情的影响。因此，当下重要的是通过提供并遵守安全措施来确保工人的健康⑤。

面对新冠肺炎疫情，亚太经济合作组织经济体需要加大力度，确保食品价值链正常运转，促进生产多元化，从而生产安全、营养丰富的食品。必须确保限制贸易的短期措施等政策不会扭曲全球市场，确保市场能够正常运转，这将减少粮食安全的不确定性，让生产者、消费者、贸易商和加工商在知情

---

①国际劳工组织（ILO），（2020）《国际劳工组织监测：COVID-19 与工作世界》。第 3 版，2020 年 4 月 29 日（国际劳工组织，日内瓦）和世界银行。（2020）。2020 年 4 月东亚太平洋经济更新：COVID-19 和 EAP 地区（世界银行，华盛顿特区）。

②PovcalNet 是世界银行提供的估算全球贫困的工具，参见 https：//blogs.worldbank.org/opendata/impact-covid-19-coronavirus-global-poverty-why-sub-saharan-africa-might-be-region-hardest。

③世界粮食安全委员会，2020 年。2020 年 3 月 24 日，粮食安全和营养高级别专家小组（HLPE）关于新冠肺炎对粮食安全和营养的影响的临时问题文件（FOA，罗马）。

④除非迅速采取行动，否则新冠肺炎疫情将使面临粮食危机人数翻倍，https：//www.wfpusa.org/news-release/covid-19-will-double-number-of-people-facing-food-crises-unless-swift-action-is-taken。

⑤疾病控制和预防中心（CDC）（2020 年），肉类和家禽加工工人和雇主，疾病控制中心和职业安全与健康管理局（OSHA）的临时指导，https：//www.cdc.gov/coronavirus/2019-ncov/community/organizations/meat-poultry-processing-workers-employers.html。

的情况下作出生产和贸易决策,并遏制全球市场的恐慌行为①。在这种情况下,亚太经济合作组织经济体希望鼓励粮食生产商采用新的先进技术,如农业生物技术,以加快编织生产网络。此外,农业和渔业部门可采用现代数字技术解决粮食短缺问题。例如,在农业领域,使用信息和通信技术的农民可以通过智能手机获取有关市场、土壤质量和天气的信息,使用传感器监测作物,使用自动驾驶拖拉机快速有效地收获耕种信息,并通过互联网直接向消费者销售,更好的库存管理还将通过减少浪费,降低易腐农产品的生产和运输成本。

亚太经济合作组织区域的库存与使用比率表明,与2007—2008年的全球粮食危机相比,AEPC的粮食安全目前处于较为安全状态。然而,这一比例在所有APEC经济体中并不平衡。研究发现,在亚太经济合作组织经济体中,只有不到1/3的经济体能够在大米和小麦等食品方面有所改善②。另有分析表明,有必要保持食品市场的开放,以加强亚太经济合作组织各成员经济体的粮食安全。新冠肺炎疫情期间,重要的是确保粮食生产、超市和配送等基本活动在开放的贸易渠道中继续运行,否则亚太经济合作组织经济体可能面临食品无法在区域内跨境供应而危及其粮食安全的风险③。另外,根据2020年5月22日发布的信息,许多成员采用电子程序完成认证要求,这与《国际植物保护公约》(IPPC)正在实施的电子认证解决方案是一致的。它可以提高食品供应链的效率,避免延误处理。虽然使用电子及数码科技在SPS(《实施卫生和植物卫生措施协定》)措施中很受欢迎,但对于不发达的经济体系而言,仍需援助发展这一系统。还需要确保该系统能够防止篡改,以确保遵守基于科学的风险管理和生物安全安排。面对新冠肺炎疫情对粮食安全的威胁,亚太经济合作组织各成员可采取以下措施:一是在亚太经济合作组织相关委员会和工作组内开展工作,达成集体承诺;二是考虑降低食品的进口关税和其他数量限制;三是保持连通性,以避免食品供应链中断;四是在影响粮食安全的关键问题上加强合作。例如,新西兰和新加坡通过贸易宣言,承诺取消关

---

①联合国粮食及农业组织(粮农组织),(2020),《新冠肺炎对粮食安全和营养影响联合声明》,2020年4月21日,http://www.fao.org/news/story/en/item/1272058/icode。
②Carlos Kuriyama,亚太经济合作组织政策支持部门,《政策简报第33号》,2020年5月,COVID-19大流行背景下的出口限制和粮食安全。
③JOSEPH GLAUBER, DAVID LABORDE, WILL MARTIN, et al., "COVID-19:贸易限制是保障粮食安全最差的可能对策",国际粮食政策研究所: IFPRI博客, 2020年3月27日, https://www.ifpri.org/blog/covid-19-trade-restrictions-are-worst-possible-response-safeguard-food-security。

税，对124种必需品（包括食品和保健产品）不实施出口限制；五是加强信息共享，防止区域内粮食安全问题恶化；此外，亚太经济合作组织经济体还可考虑采取以下措施：①一是确保人人都能获得安全和有营养的食物（使所有人都能获得良好的营养和健康）；二是转向可持续消费模式（促进和创造对健康和可持续饮食的需求，减少浪费）；三是在不损害健康或营养饮食的前提下，以足够的规模促进自然生产（应对气候变化、减少排放和增加碳捕获、再生和保护关键生态系统、减少粮食损失和能源使用）；四是促进公平的生计和价值分配（提高收入、分散风险、扩大包容性、创造就业机会）；五是建立抵御脆弱性、抗冲击和压力的粮食系统（确保健康和可持续的粮食系统继续发挥作用）。

参考文献

陈秧分，李先德，王士海，等，2015.农业和粮食系统负责任投资原则的影响研究［J］.农业经济问题，36（8）：35-41.

陈志钢，詹悦，张玉梅，等，2020.新冠肺炎疫情对全球食物安全的影响及对策［J］.中国农村经济（5）：15-16.

谷亚琴，2018.不同协议形式下国际经济一体化的非传统收益研究［D］.泉州：华侨大学.

黄文辉，2018.油菜品种大地199衍生群体的产量性状QTL分析［D］.北京：中国农业科学院.

齐力然，王德奎，张颖，2001.亚太经合组织中小企业部长会议与工商论坛暨展览隆重召开［J］.中国中小企业（9）：6-9.

司文，陈璐，2014.APEC发展历程、前景与挑战［J］.国际研究参考（11）：23-28.

郑建明，廖尹航，2019.渔业企业可追溯体系决策行为及其政策启示——基于江苏省的调查［J］.农村经济（12）：122-129.

朱熙宁，2018.农业供给侧改革背景下的粮食质量安全研究［J］.食品工业，39（11）：236-239.

---

①粮农组织亚太区域会议，第三十五届会议，2020年9月1—4日，联合国粮食系统首脑会议。

第六章 《亚太经合组织面向 2030 年粮食安全路线图》制定

亚太经济合作组织和世界各地的经济体在为人民提供粮食安全和保障营养方面一直面临着许多挑战。在粮食体系内，其复杂性和内涵广度在最近几十年被不断放大，肥胖率在不断上升，很多人正在经历饥饿，因此需要生产更多的粮食，满足人类生存的需求，但同时粮食生产对环境的影响需要降到最低，粮食系统必须越来越有适应力和灵活性。

《亚太经合组织面向 2020 年粮食安全路线图》指出了粮食安全的多面性，各经济体需要在一个将粮食生产、加工、贸易和消费联系在一起的高效粮食系统中采取综合措施，以实现预期的可持续增长。在制定《亚太经合组织面向 2030 年的粮食安全路线图》时，各经济体应考虑地理、气候、农业和其他条件，确定各自的优先事项和解决办法。另外，由于《亚太经合组织面向 2020 年粮食安全路线图》是一份重要的指导性文件，在各经济体正从新冠肺炎疫情暴发的影响中恢复之际，APEC 各经济体有必要沿着食品价值链（从生产到分销、贸易到消费等）采取一整套系统的方法，粮食系统所有这些领域都是相互依存的，各经济体要共同努力，保障粮食安全。《亚太经合组织面向 2030 年粮食安全路线图》（以下简称《路线图》）的原则是在可能的情况下，在亚太经济合作组织现有粮食安全工作的基础上，在亚太经济合作组织论坛和分论坛、亚太工商咨询理事会以及东盟、联合国及其机构和世界贸易组织等其他区域和国际组织之间开展合作。同时，《路线图》也秉承《2040 年 APEC 布特拉加亚愿景》目标，为亚太提供一个开放、动态、有弹性的、和平的社区环境，到 2040 年，APEC 以贸易投资、创新和数字化为重点，以强劲、平衡、安全、可持续和包容增长为重点，为各经济体人民和子孙后代的繁荣提供平台。

第六章 《亚太经合组织面向2030年粮食安全路线图》制定

第一节 亚太经济合作组织粮食系统概要

1998年，APEC工商咨询理事会（ABAC）呼吁APEC领导人作出承诺，建立APEC粮食系统，以提出全面有效的方法解决粮食安全问题。1999年，APEC领导人和相关部门部长同意建立APEC粮食系统，有效地将粮食生产、食品加工和消费联系在一起，从而实现APEC地区的可持续增长、公平发展和食品供应稳定。同年，领导人通过了ABAC关于APEC粮食系统的报告，并认可其主要建议。

随着2007—2008年和2011年世界粮价的急剧上涨，粮食安全问题变得尤为突出。APEC的粮食安全战略框架是国际粮食及农业贸易政策理事会（2009）为ABAC和APEC经济体重点筹备的文件，它评估了"亚太经济合作组织粮食体系是一个吸引人的概念，但由于各种原因，它未能在成员经济体政府中获得足够的重视"。该文件建议亚太经济合作组织成员经济体奉行粮食系统概念和措施方法，并呼吁在公共部门和私营部门之间建立高级别的有关粮食的对话，结束出口限制，并为支持多边贸易体系作出更大的努力。为了回应这一呼吁，2011年APEC组建了粮食安全政策伙伴关系论坛（PPFS）。该论坛致力于将综合和统一的粮食系统作为区域发展的一部分。2014年，APEC达成了《2020年APEC粮食安全路线图》，该路线图提出了由许多社会、经济、环境、物理和政治因素组成的多维、复杂的粮食安全问题，在亚太经济合作组织中建立基于粮食系统的全面粮食安全环境是一项复杂而长期的努力过程。

在之前APEC各经济体的工作和共识基础上，《路线图》将确定该区域在粮食安全方面面临的主要挑战，并将明确提出粮食安全目标、战略和相应的行动以解决这些挑战。《路线图》将提供一个总体框架，在《路线图》获得所有APEC经济体批准后，将出台一个实施计划，该计划拟确定成员经济体在《路线图》实施中发起的自愿行动或倡议。

第二节 《2021—2030年APEC粮食安全路线图》总体框架

新《路线图》将重点体现粮食系统的创新性、生产效率、包容性和可持续性。

一、粮食系统更具创新性

新冠肺炎疫情暴发加速了 APEC 地区数字转型，突显了创新型农业数字化经济能够更好地复苏经济和创造繁荣的能力。此外，数字化和其他创新技术有可能改变粮食系统，并通过提高生产力和效率以及减少粮食损失和浪费来加强粮食安全。然而，并不是所有粮食系统参与者都能获得有效参与所需的同等程度的数字基础设施和连通性，《路线图》的一个关键点是鼓励数字技术能力建设，以支持更具弹性和适应性的供应链，并使生产者和消费者之间的连通性更好。

二、粮食系统更具生产效率

为在亚太经济合作组织地区实现包容性和可持续增长，必须提高区域粮食系统的生产力。这可以通过以下方式实现，包括但不限于就粮食浪费等问题分享最佳实际操作经验、提高数字化以优化农业效率、促进互惠技术的使用等。政策制定者可积极制定政策，鼓励提高粮食供应链的透明度、可追溯性和互操作性，承认和使用基于科学的国际标准和基于风险评估的管理方法，也可以实现包容性和可持续增长。

三、粮食系统更具包容性

一个运作良好的粮食系统，并将中小企业、妇女、青年和老年人纳入该系统，对促进未来经济增长、改善农村生活环境和充分释放亚太经济合作组织区域农业生产潜力不可或缺。《拉塞雷纳妇女与包容性增长路线图（2019—2030 年）》的实施将妇女置于为 APEC 地区经济复苏努力的主力军，以使她们充分参与粮食系统。此外，对某些 APEC 经济体的土著群体来说，投资和数据获取、技能培训和适当的知识产权保护将加快土著文化新产业和产品的开发（如土著食品和文化遗产），减少壁垒，加强政策、法律法规的保护，将为土著企业参与粮食系统创造有利环境。

农民人口老龄化是一个全球性问题，需要公共和私营部门提供持续的政策和资源。鼓励青年从事农业、渔业和水产养殖业，这对可持续粮食系统至关重要。同时，年轻人更能适应新技术和创新做法，可以为更有弹性和适应性的粮食系统作出贡献。

四、粮食系统将更具可持续性

从经济和环境意义上讲，不能孤立地处理可持续性和可持续发展问题，而需要采取包括协调与合作的整体策略，分享研究和合作成果，以减少温室气体排放，增加粮食系统可持续生产、加工和消费能力，实现碳达峰和碳中和，这是实现可持续发展目标的关键。可持续性是一个多样化的议题，与粮食系统相关的可持续领域包括气候变化、减少粮食损失和浪费水资源以及公私部门合作。

1. 气候变化

气候变化正在改变亚太经济合作组织地区的陆地和水生生态系统，导致干旱、洪水和其他自然灾害频率增加，也影响着家畜和野生动物，威胁它们的栖息地和生存，并愈演愈烈。可持续食物系统应对气候变化的关键是在食品系统减少碳排放并进行科技创新，适应气候变化的环境。

2. 减少粮食损失和浪费

2019年，第五届亚太经济合作组织粮食安全部长会议指出，减少粮食损失和浪费也可以是一种适应和减缓气候变化、增强粮食系统适应性的选择，可以大幅减少新的气候情景下粮食安全风险。

3. 水资源安全

淡水资源对所有社会、经济和环境活动都是必不可少的，但并不是所有APEC经济体都有人力、财政、技术可以实施水资源管理。亚太经济合作组织各经济体之间的伙伴关系，在水资源管理、粮食安全和气候变化适应等领域的技术和专业知识信息共享及技术支援，将有助于解决水源和供应问题。

4. 公私合作

亚太经济合作组织经济体长期以来一直致力于公共部门和私营部门之间的高级别粮食对话。将政府的管理方法与私营部门市场驱动的方法紧密结合，将改善食品供应链，减少食品损失，加强食品安全，提高食品供应链效率。促进对精准智慧农业和食品行业的投资，也将创造一个有吸引力的商业环境，这将鼓励更多的农业投资。

总之，《路线图》为亚太经济合作组织区域内所有经济体提供了一条营养的、充足的粮食获取渠道，并将根据已确定的"具体、可衡量、可实现和时效性"评估目标，以适当的优先次序予以实施。

第三节 《2021—2030年APEC粮食安全路线图》职责规范

一、《2021—2030年APEC粮食安全路线图》的目标

粮食安全是一个多层面的复杂问题，由许多社会、贸易、经济、环境、物理和政治因素组成。为了实现APEC地区所有人的粮食和营养安全，同时提高本区域的经济效益，发展可持续和更有弹性、适宜性的粮食系统十分重要。虽然在实施《2020年APEC粮食安全路线图》方面取得了良好的进展，但APEC还需要进一步开展合作。考虑到本区域在未来10年将面临的一系列挑战，不仅包括新冠肺炎疫情的持续影响，而且还包括人口增长、人口结构变化和气候变化的影响，这一目标显得更加迫切。因此，根据《2020年APEC粮食安全路线图》盘点的建议，新《路线图》将寻求提供一个大的目标框架，以应对本区域在粮食安全方面面临的挑战。《路线图》将确立目标，纳入高级别合作文件，并在APEC各工作组内制定目标，进而实施战略。

二、《2021—2030年APEC粮食安全路线图》的制定规程

《2021—2030年APEC粮食安全路线图》的制定和实施将由各经济体的政府机构、私营部门组成，由2021年APEC东道主新西兰牵头，与所有APEC经济体共同协商、批准。ABAC担任PPFS的副主席，包括ABAC在内的私营部门代表将为新《路线图》的制定和实施提供建议和意见，寻求代表各自利益的粮食部门的广泛共识。APEC分论坛和多边组织，亚太经济合作组织工作组及高级别论坛以及亚投行、世界银行、亚洲开发银行、美洲开发银行、粮食及农业组织、世界贸易组织、联合国和其他团体就《2021—2030年APEC粮食安全路线图》也可以提供建议和意见。研究和学术机构、非政府组织可提名他们认为将为《路线图》进程增加价值的机构参与讨论，新西兰PPFS主席将要求这些机构就《路线图》提供咨询意见。

三、《2021—2030 年 APEC 粮食安全路线图》的执行

《2021—2030 年 APEC 粮食安全路线图》及其"行动计划"由 PPFS 主席协调,并成立一个由相关经济体组成的小型工作组,包括公共和私营部门的代表和 PPFS、ABAC 副主席,该工作组将起草新《路线图》的案文,该案文在 2021 年第二次 PPFS 全会获得批准后,将在 2022 年起草第一期为期三年的行动计划之后,每三年对行动计划进行调整。

《2021—2030 年 APEC 粮食安全路线图》行动计划将确定经济体为实现《路线图》而可能采取的具体自愿行动或举措。2025 年和 2030 年,APEC 各经济体将进行《路线图》的中期和终期盘点。

参考文献

龚鸣,[2021-01-24].把握关键之年 共促经济发展 [EB/OL].http://news.shm.com.cn/2021-01/24/content_5189878.htm.

佚名,2014.密切伙伴关系 保障粮食安全——2014 年 PPFS 政府与企业粮食安全与贸易对话会议举行 [J].中国粮食经济(3):11-13.

第七章　中澳农产品贸易现状及贸易增长因素分析

中澳双边作为亚太地区的两个大农业经济体，自建交以来，政治经济联系日益密切，尤其是进入21世纪以后，中国和澳大利亚双边在多层次、多领域展开了深入的交流与合作，据澳大利亚统计局统计，2017年中澳双边贸易额为1 256.0亿美元，增长19.6%。其中，澳大利亚对中国出口764.5亿美元，增长25.6%，占澳大利亚出口总额的33.1%，提高1.5个百分点；澳大利亚自中国进口491.5亿美元商品，增长11.3%，占澳大利亚进口总额的22.2%，降低1.1个百分点。2017年澳大利亚与中国的贸易顺差为273.0亿美元，增长63.4%。中国继续保持为澳第一大贸易伙伴、第一大出口目的地和第一大进口来源地。中国与澳大利亚皆为世界农产品生产大国，双方在农业生产领域的现状较为相同：在保障国内需求的前提下扩大粮食生产，双边需要在农业科技创新方面加大投资力度，以应对世界粮食安全挑战等，双方的农业贸易合作具有良好的前景，因此双方应发挥各自的比较优势，实现共同的利益诉求。中澳双方于2012年签订双方联合研究报告并发布部长宣言，双方认为在农业领域的合作能够为改善全球粮食安全状况作出贡献，中澳双方可以通过投资提高生产率、扩大产能，以及加大创新、技术和服务领域合作来实现这个目标。

中国是世界农产品生产大国，同时也是消费大国，提高土地生产率，保障国内农产品供应是中国农业生产面临的首要任务。2017年底，中国总人口数量为13.90亿人，其中乡村人口数量为5.77亿人，约占总人口比例为41.48%，农林牧渔业总产值为1.09万亿元，其中农业、林业、牧业、渔业所占比例分比为53.10%、4.56%、26.86%、10.59%，农业在中国的国民经济中占有重要地位。近年来，中国政府相继推出了一系列农业规划，制定了农产品生产、销售、外贸等政策营造良好的市场氛围，以此来提高农业生产、扩大农产品外贸。但是，就中国农业发展前景来看，依然面临着巨大的挑战：

①中国的可利用水资源与耕地资源严重短缺,中国属于干旱缺水极度严重的国家,人均水资源拥有量仅为世界平均水平的1/4,局部地区缺水状况极为突出;中国的人均耕地资源更为紧张,人均耕地面积不足0.1公顷,约为世界平均水平的2/5。②中国国土面积广阔,地形复杂多样,自然灾害频发,其中尤以水灾旱灾为主,尤其近年来人类生产活动对自然造成巨大破坏,极端气候频发,对于农业生产造成了极大的影响。③中国农业的设施体系依然有待完善,尚未制定较高水平的检验检疫标准和生产规范,应对市场突发事件的反应程度还不够。④"政产研"尚未得到有机结合,农业生产管理水平有待提高,政府的相关部门与行业组织、企业和农民间的合作还有待加强,尤其是行业协会在连接政府、企业、农民与市场方面的作用尚未完全发挥。⑤中国农产品产后损失严重,虽然中国近年来加工业发展速度较快,但是在原材料初加工领域,由于目前农业的采摘方法较为原始、机械化程度低、储藏冷藏设施较为简陋,导致中国农产品采摘后损失极为严重。

澳大利亚是全球农业生产大国,人口约为2 569万人,地广人稀,耕地和草场资源丰富,农牧业发达,是重要的农产品生产和出口国。目前澳农业用地面积约370万平方千米,占全国总面积的近50%。其中,适于耕种的土地约46万平方千米,其余为天然草场。澳大利亚农场平均规模4 400公顷,农牧业生产机械化程度高,是全球农产品的净贡献国。澳大利亚农业在世界范围内具备良好的竞争力,主要原因在于:具有开放竞争的经济环境、雄厚的研发基础、高度重视生物和食品安全以及有效的供应管理。

近几年由于地缘政治原因,中澳双边外交关系紧张,农产品贸易受到了较大的影响。由于中国和澳大利亚彼此皆为农业贸易重要伙伴,持续走冷的政治关系势必会继续影响双边农产品贸易,因此,结合目前中澳农业发展现状,发现中澳双方在应对问题挑战、互利投资等方面的合作情景非常必要,在此基础上对中澳农产品贸易进行研究分析,对于双边在农业领域开展长期互利合作、提高农业技术水平、实现双方经济多元化等方面具有重要意义。

第一节 中澳农产品贸易现状

中澳双方自1972年建交以来,一直保持着良好的经贸往来,据澳大利亚统计局统计,在2016年,中澳双边贸易额达到1 040.70亿美元,其中澳大利亚与中国的贸易顺差达到 157.60 亿美元，中国继续保持为澳大利亚第一大贸易伙伴、第一大出口目的国和第一大进口来源地。农产品作为双边贸易的重要领域，一直受到中澳双边的高度重视，以下将从中澳农产品贸易规模、贸易增速、农业技术合作情况、贸易结构等方面分析中澳农产品贸易现状。

一、中澳农产品贸易总量

放眼全球，中澳双方互为重要的农产品贸易伙伴，双方在 1960 年就开始了小麦贸易，在 2016 年，澳大利亚成为中国第三大农产品出口市场，第一大进口农产品来源国。

从总量上来看，10 年间中澳农产品双边贸易依然处于持续增长的良好态势，双边的农产品贸易额由 2007 年的 27.75 亿美元增至 2017 年的 94.96 亿美元，约增长了 3.42 倍，年均增长率为 13.09%，其中主要以中国进口澳大利亚农产品为主，进口额由 2007 年的 22.96 亿美元增至 2017 年的 84.88 亿美元，约增长了 3.70 倍，年均增长率为 13.97%，出口额方面由 2007 年的 4.80 亿美元增至 2017 年的 10.08 亿美元，约增长了 2.10 倍，年均增长率为 7.70%。由此可见，中澳双方在农产品领域的合作日趋密切，一方面不仅能够保障本身农产品的需求供应，另一方面还能够为世界提供更多优质的农产品，同时这也是双边进一步实现经济多元化的重要步骤（图 7-1、表 7-1）。

贸易逆差方面，10 年间，中国一直处于贸易逆差一方，主要原因在于：一方面，中国是一个拥有 14 亿人口的发展中大国，始终将依靠自己力量解决粮食生产视为头等大事，所生产的农产品多数用于国内消费需求，农产品保持了较高的自给水平；另一方面，澳大利亚为全球农产品供应的净贡献国，在农产品生产的众多领域都具备极强的优势，如畜产品、粮食产品、动物毛产品，棉花等，所以，中澳双边在农产品供应领域的地位短时间内难以改变。中国在中澳农产品贸易中一直处于逆差地位，且逆差呈逐渐增大的态势，由 2007 年的 18.16 亿美元增至 2013 年的 61.71 亿美元，而后至 2016 年，逆差有所降低，由 2013 年的 61.71 亿美元降至 2016 年的 52.25 亿美元，2017 年又增至最高的 74.80 亿美元，整体来看，中澳农产品逆差额由 2007 年的 18.16 亿美元增至 2017 年的 74.80 亿美元，约增长了 4.12 倍，年均增长率为 15.21%。

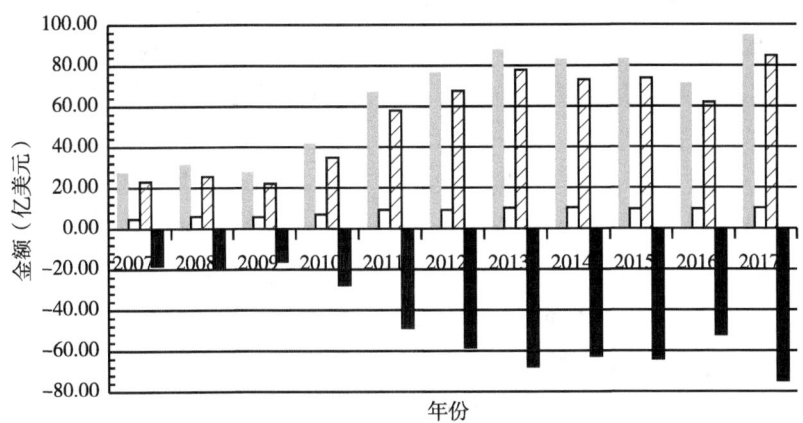

图 7-1　2007—2017 年中澳农产品贸易情况

表 7-1　2007—2017 年中澳农产品贸易增速

年份	贸易额（亿美元）	贸易额增速（%）	出口额（亿美元）	出口额增速（%）	进口额（亿美元）	进口额增速（%）
2007	27.75	—	4.80	—	22.96	—
2008	31.58	13.79	6.04	26.02	25.54	11.24
2009	27.87	11.75	5.82	-3.77	22.05	-13.64
2010	41.78	49.90	6.99	20.09	34.79	57.76
2011	67.20	60.84	9.20	31.75	57.99	66.68
2012	76.68	14.11	9.16	-0.47	67.52	16.42
2013	87.96	14.71	10.12	10.53	77.83	15.28
2014	83.36	-5.23	10.32	1.94	73.04	-6.16
2015	83.46	0.12	9.67	-6.30	73.79	1.03
2016	71.54	-14.28	9.65	-0.24	61.90	-16.12
2017	94.96	32.73	10.08	4.47	84.88	37.14

从增长速度来看，除了 2014 年和 2016 年出现下降外，其他年份中澳农产品贸易额皆为增长，其中 2011 年为增幅最高的年份，达到 60.84%，2016 年为降幅最大的年份，达到 14.28%；从出口额的增速来看，除了 2009 年、2012 年、2015 年、2016 年出现下降，其他年份呈现增长的趋势，尤其是

2011年，增幅达到最高的31.75%，2015年，降幅达到最大的6.3%；从进口额的增速来看，除2009年、2014年、2016年下降外，其他年份皆呈现增长的趋势，2011年达到增幅最大的66.68%，2016年达到降幅最大的16.12%。

从中澳农业技术合作机会来看，农业合作已成为中澳双边贸易关系中重要的组成部分。双方的农业合作始于1960年的小麦贸易，早于双方1972年正式建立的双边关系。中澳的农业合作为双边农业技术的发展、科研人才的培养、新型作物的培育、知识产权的保护以及贫困地区的发展提供了机会。中澳双方在农业生产方面具有共同的利益诉求，即维持国内粮食稳定产出和为世界提供粮食供应，双方农业投资日趋多元化，逐渐涉及种植业、养殖业、种业等多领域，投资企业涉及国企、民营、私企等，投资区域不断扩大，地区逐渐覆盖双边贫困地区。

综上分析可知，中国与澳大利亚在农产品贸易领域依然保持着良好的发展势头，双方的农业基础较好，合作前景广阔，进一步深化双方农业领域合作十分必要。但是在良好势头发展的背景下，同样存在着问题：中国在2007—2017年，10年间一直处于贸易逆差一方，且贸易趋势不断增大，这说明中国与澳大利亚在农产品领域一直处于不对称的发展状态，这种不对称的状态对双方进一步深化合作定会产生影响，因此，如何在双方关系良好发展的前提下，探寻造成中国农产品贸易逆差地位的原因，进而提出针对性的政策建议。

二、中澳分类农产品贸易分析

下面将通过整理中澳分类农产品贸易额、排名前十位的农产品来对双边农产品贸易特征进行分析（图7-2）。

由图7-2可知，10年间中国对澳大利亚出口的分类农产品中出口额最高的为饮食及烟草类产品，出口额由2007年的3.17亿美元增至2017年的6.47亿美元，呈现出增长的趋势，年均增长率为7.40%，其次出口额第2高的农产品为植物类产品，出口额由2007年的0.83亿美元增至2017年的1.94亿美元，同样呈现增长变化，年均增长率为8.84%，出口额第3高的农产品为动物类农产品，出口额由2007年的0.35亿美元增至2017年的1.23亿美元，年均增长率为13.37%，出口额第4高的农产品为动物毛及棉花产品，但是随着时间的推移，出口额呈现下降趋势，由2007年的0.40亿美元降至2017年的0.32亿美元，年均减少率为2.36%，出口额规模最小的农产品为油脂蜡类产

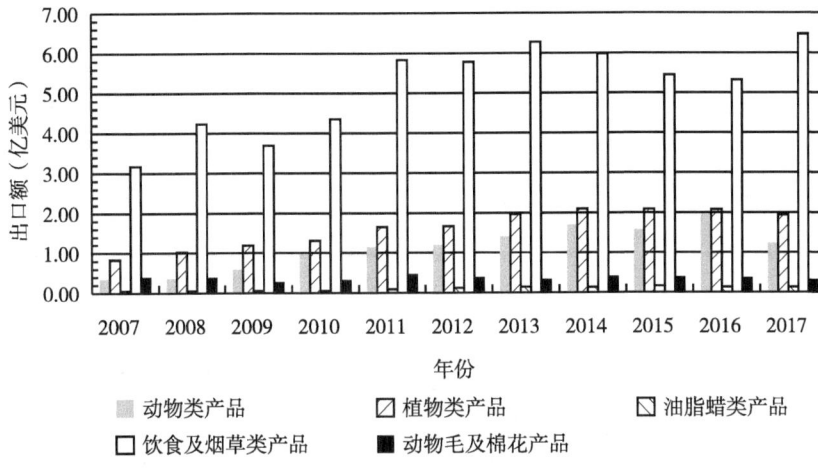

图 7-2 2007—2017 年中国对澳大利亚分类农产品出口情况

品，出口额由 2007 年的 0.05 亿美元增至 2017 年的 0.13 亿美元，年均增长率为 10.99%。

由表 7-2 可知中国出口澳大利亚的主要农产品种类，其中中国对澳大利亚出口额最大的农产品为肉、鱼及其他水生无脊椎动物的制品（HS16），该产品占对澳农产品总出口额的比例为 18.66%，对澳出口额占中国该产品总出口额的 16.85%。排名第 2 至第 5 的农产品分别为 HS20（蔬菜、水果等植物或其他部分的制品）、HS03（鱼及其他水生无脊椎动物）、HS21（杂项食品）、HS19（谷物、淀粉等或乳的制品），前五位的农产品占到对澳农产品总出口额的 57.57%，前十位的农产品共占到对澳农产品总出口额的 80.36%。

表 7-2 2017 年中国出口澳大利亚前十位农产品

编号	商品名称	该产品进口额占对澳农产品总进口额比例（%）	对澳进口额占中国该产品总进口额比例（%）
HS16	肉、鱼及其他水生无脊椎动物的制品	18.66	16.85
HS20	蔬菜、水果等植物或其他部分的制品	13.23	12.23
HS03	鱼及其他水生无脊椎动物	10.12	1.43
HS21	杂项食品	8.51	3.67
HS19	谷物、淀粉等或乳的制品	7.05	1.25
HS07	食用蔬菜、根及块茎	6.81	3.41

（续表）

编号	商品名称	该产品进口额占对澳农产品总进口额比例（%）	对澳进口额占中国该产品总进口额比例（%）
HS17	糖及糖食	5.94	4.25
HS22	饮料、酒及醋	4.01	0.77
HS08	食用水果及坚果，甜瓜等水果果皮	3.26	0.51
HS18	可可及可可制品	2.77	4.24

根据分析可以发现，目前中国出口澳大利亚优势农产品主要集中在水生制品、蔬果植物制品、杂项食品等几类农产品上，大都属于劳动密集型农产品，且都属于农业附加值高的农产品，具备一定的出口加工程度，通过充分利用中国劳动力的资源优势，从而具备了一定的竞争优势；而澳大利亚地广人稀，劳动力成本高昂，导致此类农产品的生产成本偏高，因此更倾向于从国外进口来满足国内需求。而且从表7-2中对澳农产品出口额占中国该农产品总出口额的比例来看，中国出口到澳大利亚的农产品规模较小，澳大利亚并不是中国农产品出口的海外主要市场，但中澳间农产品依然具有增长潜力。因此在中澳贸易良好发展的背景下，为更多的中国农产品"走出去"提供政策建议，是本章需要进一步研究的问题。

由图7-3可知，中国进口澳大利亚农产品的贸易种类多样，其中进口规模最大的农产品为动物毛及棉花产品，随着时间的推移，进口额呈现先降低

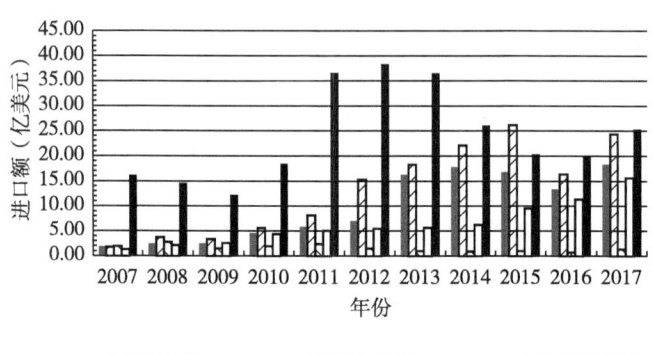

图7-3　2007—2017年中国对澳大利亚分类农产品进口情况

再增长再降低的变化，总体上呈现增长变化，进口额由 2007 年的 16.19 亿美元增至 2017 年的 25.29 亿美元，年均增长率为 4.56%；其次进口规模较大的农产品为植物类农产品，进口额随着时间的变化呈现先增长再降低再增长的变化，进口额由 2007 年的 1.71 亿美元增至 2017 年的 24.31 亿美元，年均增长率为 30.37%；进口规模第三大的农产品为动物类产品，随着时间的推移呈现出先增长后下降再增长的变化，进口额由 2007 年的 1.86 亿美元增至 2017 年的 18.33 亿美元，年均增长率为 25.72%；进口规模第四大农产品为饮食及烟草类产品，10 年间呈现持续增长的态势，进口额由 2007 年的 1.30 亿美元增至 2017 年的 15.60 亿美元，年均增长率为 28.22%；进口规模最小的农产品为油脂蜡类产品，10 年间进口额呈现先增长再降低的趋势，进口额由 2007 年的 1.90 亿美元降至 2017 年的 1.35 亿美元，年均减少率为 3.38%。

由表 7-3 可知中国进口澳大利亚的主要农产品种类，其中，中国对澳大利亚进口额最大的农产品为羊毛及动物毛（HS51），该产品占对澳农产品总进口额的比例为 23.94%，对澳进口额占中国该产品总进口额的 58.21%，可以看出澳大利亚为中国在世界上进口该产品的主要国家。谷物为进口额排名第二的农产品，该产品进口额占对澳农产品总进口额的 21.94%，占到中国该产品总进口额的 29.10%，说明澳大利亚同样为中国进口该产品的重要国家。进口额排名前两位的农产品占到对澳农产品总进口额的 45.88%，进口额排名前五位的农产品还有 HS02（肉及食用杂碎）、HS22（饮料、酒及醋）、HS52（棉花、生棉、废品棉、精梳棉），前五位的农产品占到对澳农产品总出口额的 72.42%，前十位的农产品共占到对澳农产品总出口额的 92.12%。

表 7-3　2017 年中国进口澳大利亚前十位农产品

编号	商品名称	该产品进口额占对澳农产品总进口额比例（%）	对澳进口额占中国该产品总进口额比例（%）
HS51	羊毛及动物毛	23.94	58.21
HS10	谷物	21.94	29.10
HS02	肉及食用杂碎	11.79	10.55
HS22	饮料、酒及醋	8.90	14.40
HS52	棉花、生棉、废品棉、精梳棉	5.85	6.21
HS21	杂项食品	4.77	17.32
HS04	乳、蛋、蜂蜜及其他使用动物产品	4.47	7.49

(续表)

编号	商品名称	该产品进口额占对澳农产品总进口额比例（%）	对澳进口额占中国该产品总进口额比例（%）
HS08	食用水果及坚果，甜瓜等水果果皮	3.99	5.30
HS03	鱼及其他水生无脊椎动物	3.32	3.96
HS19	谷物、淀粉等或乳的制品	3.15	4.71

从整体来看，中国进口澳大利亚农产品主要集中在羊毛及动物毛、谷物、肉及食用杂碎、饮料、棉花等土地密集型农产品和资源密集型农产品上。究其原因，是因为澳大利亚依托其自然资源以及成熟完备的农业生产体系，规避了劳动力成本较高的缺陷，以农业规模化经营的方式形成了大型农场、大型牧场等生产单位，从而降低了农业生产成本，提高了农产品的国际竞争力。

第二节 中澳农产品贸易关系分析

在上一节，通过对中澳农产品贸易总量及贸易结构的分析，得出了中澳双边依托不同的资源禀赋情况生产各自优势农产品的结论，其中，中国主要出口劳动力密集型农产品，澳大利亚主要出口资源密集型农产品，初步看来，双边在农产品领域的竞争性较小，互补性较大。但是双边在具体的农产品贸易中关系是怎样的，贸易程度是怎样的，还需要进一步的分析研究。贸易指数通常以其简单直观、数据可获性高和可操作性强的特点而被广泛采用，在本章中引入贸易领域常用的贸易指数来对中澳农产品的具体贸易关系进行精确测算，以期对中澳农产品贸易现状进行深入了解，进而为后续中澳农产品贸易波动研究、调整双边的农产品贸易结构提供基础。

一、贸易关系确定原则

总体来看，区域间的贸易关系可以分为贸易竞争关系和互补关系两大类，其确定的原则为区域内资本、资源、技术、劳动力等生产要素及其产品范围的相似程度。如果区域内生产要素及其产品的差异性较小，那么则认为双方贸易具有竞争性；反之则认为双方具有互补性。因为特定的生产要素只能固化在贸易品内部，无法进行流动，因此实际上贸易品的流动只是表面形式，而隐含在贸易品内部的生产要素流动才是实质。由于生产要素难以进行量化，因此度量区域间的贸易关系可以从贸易产品着手，通过分析产品的种类差别和市场差别间接得到区域间的贸易关系。本章中将选用贸易领域常用的贸易指数对中澳农产品贸易关系进行测量分析，以期对中澳农产品贸易关系有更加深入的了解。

利用贸易指数对区域间的贸易关系进行测算，具有简单直观的特点，而且可操作性强，本章中采用贸易领域常用的出口相似性指数（ESI）、贸易互补性指数（TCI）、比较优势指数（RCA）、产业内贸易指数（IIT）、贸易强度指数（TII）、贸易竞争力指数（TC）来对双边农产品贸易进行测量分析，首先利用 ESI 指数对与中澳进行贸易的主要国际市场进行产品出口相似性测算，以对双边在国际市场的出口相似程度有整体了解，其次利用 RCA 指数进一步测算双边在国际市场的农产品比较优势，然后利用 TCI 指数对中澳双边农产品贸易情况进行互补性测量，以了解双边的农产品贸易的互补情况及互补程度，然后利用 IIT、TC 指数对中澳具体农产品进行贸易方式与比较优势测量，以了解具体农产品的贸易情况及贸易程度，最后利用 TII 指数对中澳农产品贸易的偏斜性进行测量，对具体农产品的贸易联系紧密程度进行测量，以期对中澳农产品的贸易情况有更加全面的了解。

二、中澳农产品贸易关系分析

1. 中澳农产品出口相似性指数

产品的出口相似性指数（Export Similarity Index，ESI）是用来衡量两个国家或地区在第三市场或世界市场出口产品的相似性程度。计算方法为：

$$\mathrm{ESI}^p(ij) = \left[\sum Min(X_{iw}^k / X_{iw}), (X_{jw}^k / X_{jw}) \right] \times 100 \quad (7-1)$$

为了消除因双边经济规模差异对结果产生的影响，Glick 和 Rose（1998）对该指标进行了修正，用出口份额代替了出口额，修正后的计算方法如下：

$$\mathrm{ESI}^p(ij)' = \left\{ \sum_k \left[\frac{(X_{iw}^k / X_{iw}) + (X_{jw}^k / X_{jw})}{2} \right] \times \left[1 - \left| \frac{(X_{iw}^k / X_{iw}) - (X_{jw}^k / X_{jw})}{(X_{iw}^k / X_{iw}) + (X_{jw}^k / X_{jw})} \right| \right] \right\} \times 100 \quad (7-2)$$

式中，$\mathrm{ESI}^p(ij)$ 表示 i 国和 j 国出口相似性指数；$\mathrm{ESI}^p(ij)'$ 表示修正后的出口相似性指数；i、j 表示所要比较的任意两个国家，X 表示出口；X_{iw}^k / X_{iw} 代表

i 国出口到 w 市场第 k 种商品所占份额，X_{jw}^{k}/X_{jw} 代表 j 国出口到 w 市场第 k 种商品所占份额。一般认为，如果 ESI=100，则认为 i 国和 j 国出口到 w 市场的产品结构分布完全相同，则双边呈现竞争型贸易关系；如果 ESI=0，则说明 i 国和 j 国出口到 w 的商品结构分布完全不相同，则双边呈现互补型贸易关系；如果随着时间的变化，双边出口相似性指数呈现增长的趋势，则表明双边出口到 w 市场的产品结构日趋相同，竞争关系日益激烈；反之，则表明双边出口产品结构差异化增强，竞争关系趋于缓和。当双边在第三市场上的产品出口贸易关系表现为竞争型时，则说明双边的产业结构及工业化程度极为相似，从而导致双边的出口结构极为相似；当双边在第三市场上的产品出口贸易关系表现为互补型时，则说明双边的产业机构及工业化程度是有差异的，从而导致了双边的出口结构具有差异。

通过对中澳主要贸易伙伴的数据整理，筛选出美国、日本、世界等地区作为出口的第三市场来计算中澳农产品的出口相似性指数。由表 7-4 可知，中澳双边出口到世界第三市场的农产品结构几乎不相同。对比来看，中澳双边在日本市场的出口相似性最大，但指数也未超过 10，而且随着时间的变化，双边的相似性指数逐渐减小，出口结构差别逐渐增大。双边在美国的出口相似性指数同样很低，随着时间的变化，双边在美国市场的农产品出口竞争程度逐渐增大。双边在世界市场的相似性指数同样很低，说明双边出口世界产品的专业化程度高，出口产品结构的重合度小，所以二者在世界市场的竞争性小。

表 7-4 2007—2017 年中澳对第三农产品 ESI 指数

年份	2007	2008	2009	2010	2011	2012	2013	2014	2015	2016	2017	竞争程度
世界	3.85	3.61	4.11	4.00	4.06	3.83	3.87	3.99	3.79	4.21	4.01	升高
美国	2.00	2.12	2.22	2.13	2.15	2.11	2.04	1.92	1.87	1.96	1.83	下降
日本	8.53	6.92	8.08	7.79	7.71	8.14	7.68	7.62	7.70	7.95	7.59	下降

通过对中澳农产品出口相似性指数的测算，可以得到双边在主要国际市场的出口结构相似性很小，竞争程度很小。得到这样的结果，一部分原因是中澳的要素禀赋相差很大，导致优势农产品的差别很大，另一部分原因在于中澳随着时间的变化能够及时调整各自的产品贸易结构，减少劣势农产品的出口，加大优势农产品的出口力度，以获取最大的收益。

2. 中澳农产品贸易互补性指数

贸易互补性指数（Trade Complementarity Index，TCI）是1967年提出的，用来衡量一国的产品出口结构与另一国的产品进口结构吻合程度的指标，它能够体现各国在产品结构以及贸易结构方面的匹配程度，从而明确各国的比较优势。贸易互补性指数描述了一个国家的某个部门出口的"比较优势"和另一国家相同部门进口的"比较劣势"的匹配程度，该指数主要用来描述一个国家某个部门或某个产业的"出口比较优势"与另一国在相同部门或产业"进口比较劣势"间的匹配情况，一般来讲，只要双边在某部门或某产业具备贸易往来，则双方就具备不同程度的贸易互补。如果互补性指数大于1，说明双方的贸易互补性较强，指数越大互补性就越强；如果互补性指数小于1，就说明双方的贸易互补性较弱，指数越小互补性越弱。如果随着时间的变化，互补性指数呈现增长的趋势，说明正在发生的贸易结构的改变提高了资源配置效率，相反则降低了资源配置效率。

其公式表示如下：

$$\text{TCI}_{ij}^{k} = \text{RCA}_{xi}^{k} \times \text{RCA}_{mj}^{k} \tag{7-3}$$

$$\text{RCA}_{xi}^{k} = \frac{X_{i}^{k}/X_{i}}{X_{w}^{k}/X_{w}} \tag{7-4}$$

$$\text{RCA}_{mj}^{k} = \frac{M_{j}^{k}/M_{j}}{X_{w}^{k}/X_{w}} \tag{7-5}$$

式中，RCA_{xi}^{k} 为 i 国 k 产品的比较优势指数；RCA_{m}^{k} 为 j 国 k 产品的比较劣势指数；X_{i}^{k} 为 i 国对世界 k 产品的出口额；X_{i} 为 i 国对世界全部产品的出口额；X_{w}^{k} 为世界 k 产品的出口额 X_{w} 为世界全部产品的出口额；M_{j}^{k} 为 j 国 k 产品的进口额；M_{j} 为 j 国全部产品的进口额。

由表7-5可知，中澳农产品贸易互补程度较高，其中以澳大利亚出口农产品与中国进口农产品的互补性指数10年间都大于1，说明双方农产品贸易结构的互补性极高，这主要是由于双方的资源禀赋差异较大导致的，以中国出口与澳大利亚进口的贸易互补性指数10年间都小于1，说明双方这种贸易结构的互补性较弱，而且中澳双方的进出口贸易互补程度随着时间的推移皆呈现出下降的趋势，这说明虽然中澳互为双方重要的贸易国家，但是双方农产品贸易互补程度在近些年开始出现明显变化，因此需对贸易波动变化背后的原因进行分析研究。

表7-5 2007—2017年中国与澳大利亚农产品TCI指数

年份	2007	2008	2009	2010	2011	2012	2013	2014	2015	2016	2017	趋势
中国	0.77	0.49	0.45	0.46	0.42	0.39	0.42	0.46	0.43	0.47	0.41	降低
澳大利亚	2.43	1.80	1.41	1.31	1.37	1.69	1.67	1.69	2.10	1.83	1.71	降低

3. 中澳农产品比较优势性指数

比较优势指数（Revealed Comparative Advantage Index，RCA）通常指一国某种商品出口占其本国出口总值的份额与世界贸易中该商品出口占世界出口总值的份额之比。一般来讲，如果一国某出口产品的RCA指数越高，则表明该国在国际分工中该产品的专业化程度越高，因此该产品的出口竞争力就越强；相反，则证明该产品的专业化程度较低，出口竞争力弱。用公式表示为：

$$RCA_{ij} = (X_{ij}/X_i)/(X_{wj}/X_w) \tag{7-6}$$

式中，RCA_{ij}为i国j产品的比较优势指数；X_{ij}为i国j产品向世界市场出口的价值；X_i为i国向世界市场出口所有产品的价值；X_{wj}为世界市场j产品出口的价值；X_w为世界所有产品出口的价值。

该指标反映了一国某一产品的出口水平与世界平均出口水平的相对优势，同时该指数能够不受贸易政策造成的进口扭曲的影响，较好地反映了该产品的相对优势，因而得到了广泛应用。当$RCA_{ij}>1$时，则表示j产品在i国的出口份额超过了该产品在世界的出口份额，说明i国j产品具有较强的比较优势，且RCA_{ij}值越大，产品的国际竞争力越强；而当$RCA_{ij}<1$时，表示j产品在i国的出口份额低于该产品在世界的出口份额，说明i国j产品属于具备比较劣势的产品，且RCA_{ij}值越小，产品的竞争力越弱。当$RCA_{ij}\geqslant 2.5$时，表明i国的出口产品j极具竞争力；当$1.25\leqslant RCA_{ij}<2.5$时，表明该产品具有较强的竞争力；当$0.8\leqslant RCA_{ij}<1.25$时，表明出口产品具有中度竞争力；当$RCA_{ij}<0.8$时，表明该产品的竞争力较弱。

由表7-6和表7-7可知，整体来看，中国农产品在世界范围内竞争力较差的种类居多，具备较强竞争力的农产品极少，分类别来看，中国农产品中最具比较优势的为动物毛及棉花产品（HS51~HS52），其中比较优势最强的农产品为棉花、生棉、废品棉、精梳棉（HS52），羊毛及动物毛（HS51）的RCA指数整体上处于1.25~2.5，属于具备较强竞争力的农产品，但是随着时间的变化，这两类农产品的比较优势皆有下降的趋势。动物类产品（HS01~

HS05)、植物类产品（HS06~HS14）、饮食及烟草类产品（HS16~HS24）、油脂蜡类产品（HS15）由图7-4可知，皆为中国不具备竞争力的农产品，且随着时间的推移，变化较小，趋势较为稳定。

表7-6 2007—2017年中国农产品RCA指数

编号	2007年	2008年	2009年	2010年	2011年	2012年	2013年	2014年	2015年	2016年	2017年
HS01	0.30	0.32	0.26	0.24	0.26	0.24	0.23	0.22	0.21	0.25	0.25
HS02	0.12	0.09	0.09	0.10	0.09	0.07	0.07	0.08	0.07	0.06	0.06
HS03	1.05	0.90	1.06	1.08	1.13	1.10	1.09	1.12	0.99	0.99	1.01
HS04	0.09	0.10	0.06	0.06	0.06	0.06	0.05	0.05	0.06	0.06	0.06
HS05	2.34	2.15	1.94	1.89	1.99	1.98	1.82	1.84	1.46	1.59	1.62
HS06	0.10	0.09	0.11	0.11	0.10	0.11	0.11	0.16	0.11	0.13	0.13
HS07	1.27	1.01	1.07	1.33	1.38	1.08	1.04	1.08	1.00	1.17	1.20
HS08	0.38	0.37	0.39	0.37	0.38	0.41	0.39	0.37	0.39	0.40	0.41
HS09	0.96	0.52	0.51	0.45	0.39	0.38	0.45	0.44	0.40	0.49	0.50
HS10	0.36	0.08	0.09	0.06	0.03	0.03	0.04	0.03	0.03	0.03	0.03
HS11	0.51	0.40	0.35	0.38	0.31	0.30	0.28	0.27	0.24	0.24	0.25
HS12	0.55	0.37	0.33	0.30	0.27	0.25	0.25	0.27	0.24	0.23	0.23
HS13	0.77	1.18	1.18	1.15	1.23	0.74	1.20	1.47	1.50	1.55	1.58
HS14	2.15	1.39	1.01	0.72	0.99	1.15	0.91	0.99	1.02	1.08	1.10
HS15	0.11	0.12	0.07	0.05	0.05	0.05	0.05	0.06	0.06	0.05	0.05
HS16	2.37	1.81	1.43	1.57	1.73	1.74	1.60	1.57	1.32	1.37	1.40
HS17	0.32	0.25	0.24	0.24	0.24	0.22	0.25	0.29	0.29	0.29	0.30
HS18	0.08	0.08	0.04	0.06	0.07	0.07	0.08	0.09	0.07	0.07	0.07
HS19	0.29	0.24	0.23	0.24	0.26	0.23	0.20	0.20	0.17	0.18	0.19
HS20	1.58	1.33	1.11	1.15	1.20	1.21	1.12	1.07	0.93	0.96	0.98
HS21	0.35	0.31	0.31	0.32	0.35	0.35	0.34	0.35	0.35	0.38	0.39
HS22	0.13	0.11	0.11	0.11	0.11	0.12	0.10	0.13	0.14	0.16	0.16
HS23	0.34	0.37	0.36	0.34	0.30	0.36	0.29	0.34	0.27	0.31	0.31
HS24	0.31	0.27	0.27	0.29	0.28	0.28	0.28	0.28	0.27	0.28	0.28
HS51	1.74	1.79	1.70	1.87	1.80	1.67	1.61	1.55	1.29	1.33	1.36
HS52	3.30	2.93	2.66	2.41	2.29	2.13	2.28	2.35	2.18	2.30	2.35

表 7-7　2007—2017 年中国农产品 RCA 指数统计

指标	2007年	2008年	2009年	2010年	2011年	2012年	2013年	2014年	2015年	2016年	2017年	趋势
RCA≥2.5	1	1	1	0	0	0	0	0	0	0	0	减少
1.25≤RCA<2.5	6	5	3	5	5	4	4	5	5	5	5	减少
0.8≤RCA<1.25	2	3	5	3	4	4	5	4	4	4	4	增多
RCA<0.8	17	17	17	18	17	18	17	17	17	17	17	不变

虽然从分类别农产品来看，中国农产品在世界市场中优势地位不太明显，但是个别农产品依然具备较强的国际竞争力，例如，鱼及其他水生无脊椎动物（HS03）、其他动物产品（HS05）、肉、鱼、及其他水生无脊椎动物的制品（HS16）皆为中国竞争力较强的农产品，这主要是因为中国为世界海洋产品的生产和消费大国，渤海、东海地区有丰富的海洋资源，近些年随着海洋产品深加工技术的提高，出口优势日益加大，应对反倾销的能力日益增强，政府部门也为农产品出口制定了优惠的政策措施，使得中国的水产品始终具有极大的出口比较优势。

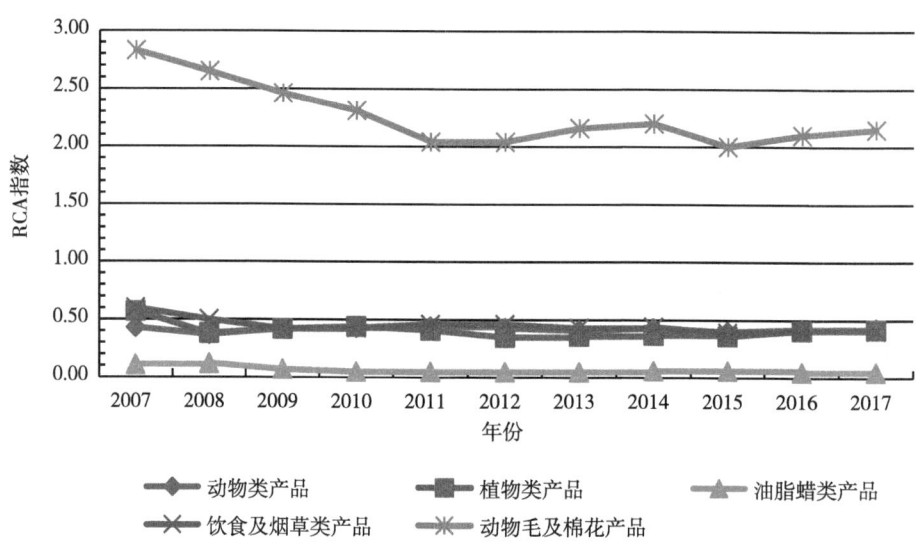

图 7-4　2007—2017 年中国农产品分类别 RCA 指数

食用蔬菜、根及块茎（HS07）、编结用植物材料，其他植物产品

(HS14)、蔬菜、水果等植物或其他部分的制品（HS20）同样为中国具备较强竞争力的农产品，自从中国加入WTO后，针对蔬菜水果的贸易壁垒有所降低，这为中国优势蔬果产品的出口提供了制度方面的保障，随着出口量的增加，中国逐渐开始与世界优势产品的生产标准进行对接，打造国内优势品牌，延伸产品的产业链和价值链，提高中国农产品的国际竞争力，为中国农产品走出去打造了基础。但是近些年，随着中国经济社会的发展，劳动力的优势也在逐渐减小，对中国优势农产品的国际竞争力也产生了较大的影响，因此如何转变中国农产品的生产发展模式是目前面临的较为严重的问题。

从澳大利亚农产品RCA指数统计来看（表7-8、表7-9和图7-5），在世界市场澳大利亚竞争力较差农产品种类最多，同中国情况相差较大的是澳大利亚竞争力强的农产品种类远高出中国。分类别统计来看，即使是竞争力最弱的农产品油脂蜡类产品（HS15）的RCA指数也在0.8~1.25的区间内，属于具备中度竞争力的农产品。其中，竞争力优势最为明显的农产品为动物毛及棉花产品（HS51、HS52），这一产品的RCA指数在3~6变动，是极具比较优势的农产品，尤其是羊毛及动物毛（HS51）平均RCA指数能够达到10以上，是澳大利亚最具竞争力的农产品，主要因为澳大利亚是畜牧业极为发达的国家，自然地理条件优越、土地密集的要素特点为其发展畜牧业提供了基础，农业机械化程度高、先进的农场制度为大规模出口提供了保障。棉花、生棉、废品棉、精梳棉（HS52）虽然竞争优势没有动物毛产品明显，但是随着时间的推移，竞争优势也在逐渐提升，由原来的具备中度竞争力向极具竞争力转变。

表7-8　2007—2017年澳大利亚农产品RCA指数

编号	2007年	2008年	2009年	2010年	2011年	2012年	2013年	2014年	2015年	2016年	2017年
HS01	5.38	4.61	4.22	4.16	3.61	3.57	3.44	4.95	6.01	5.92	4.77
HS02	7.98	5.24	4.77	4.59	4.22	4.51	5.05	6.22	7.57	6.17	6.15
HS03	1.63	1.14	0.92	0.79	0.74	0.72	0.71	0.77	0.91	0.79	0.74
HS04	3.43	2.71	2.34	2.06	1.76	1.96	1.78	1.85	2.10	1.92	1.89
HS05	1.22	0.84	0.95	0.80	0.75	1.05	0.92	1.16	2.13	2.06	2.28
HS06	0.15	0.11	0.08	0.07	0.05	0.05	0.03	0.03	0.04	0.05	0.05
HS07	1.05	0.90	0.95	0.95	1.10	1.61	1.14	1.13	1.95	2.03	2.63
HS08	0.99	0.65	0.77	0.56	0.46	0.60	0.80	0.84	1.23	1.06	1.03

(续表)

编号	2007年	2008年	2009年	2010年	2011年	2012年	2013年	2014年	2015年	2016年	2017年
HS09	0.22	0.09	0.09	0.07	0.06	0.06	0.07	0.07	0.08	0.09	0.09
HS10	3.53	3.89	4.79	4.14	4.65	5.06	4.89	4.81	5.35	4.44	5.17
HS11	4.07	3.89	3.61	3.30	2.48	2.77	2.92	2.86	2.96	2.58	2.49
HS12	1.28	1.26	1.70	1.12	1.65	2.00	2.29	1.54	1.75	1.47	1.73
HS13	0.20	0.19	0.16	0.10	0.07	0.04	0.07	0.13	0.17	0.13	0.14
HS14	0.05	0.04	0.01	0.01	0.02	0.04	0.02	0.01	0.02	0.03	0.01
HS15	1.15	0.91	0.67	0.49	0.45	0.43	0.56	0.56	0.58	0.57	0.54
HS16	0.57	0.35	0.29	0.27	0.22	0.21	0.19	0.19	0.24	0.24	0.27
HS17	0.77	0.47	0.42	0.46	0.40	0.39	0.37	0.33	0.39	0.39	0.38
HS18	0.77	0.52	0.48	0.38	0.33	0.30	0.30	0.33	0.34	0.35	0.31
HS19	0.67	0.68	0.71	0.88	0.83	0.86	0.88	0.67	0.81	1.02	1.11
HS20	0.55	0.35	0.32	0.26	0.23	0.23	0.22	0.19	0.18	0.18	0.18
HS21	0.86	0.65	0.62	0.58	0.55	0.57	0.58	0.73	1.32	1.59	1.87
HS22	3.45	2.12	1.99	1.78	1.42	1.46	1.35	1.33	1.57	1.61	1.71
HS23	1.19	0.83	0.72	0.66	0.58	0.54	0.56	0.54	0.56	0.55	0.51
HS24	0.52	0.29	0.25	0.25	0.20	0.15	0.10	0.11	0.12	0.11	0.11
HS51	16.42	12.68	11.90	12.11	12.65	13.61	13.63	12.39	15.12	15.55	17.58
HS52	1.50	0.83	0.94	1.34	2.74	3.13	2.88	2.41	1.37	2.06	2.51

表7-9 2007—2017年澳大利亚农产品RCA指数统计

指标	2007年	2008年	2009年	2010年	2011年	2012年	2013年	2014年	2015年	2016年	2017年	趋势
RCA≥2.5	7	6	5	5	5	6	6	5	5	5	6	减少
1.25≤RCA<2.5	3	2	3	3	4	4	3	4	7	7	6	增多
0.8≤RCA<1.25	6	6	4	4	2	2	4	3	3	2	2	减少
RCA<0.8	10	12	14	14	15	15	13	14	11	12	12	增多

澳大利亚动物类产品的国际竞争优势也十分明显，尤其是活动物、肉及食用杂碎（HS01、HS02），RCA指数都远远高于2.5，属于极具竞争力的农产品。鱼及其他水生无脊椎动物、乳、蛋、蜂蜜及其他食用动物产品

（HS03、HS04）同样为澳大利亚具备竞争力的农产品，但是其竞争优势在逐渐降低。其他动物产品的比较优势不太明显，但随着时间的推移，有逐渐增大的趋势。

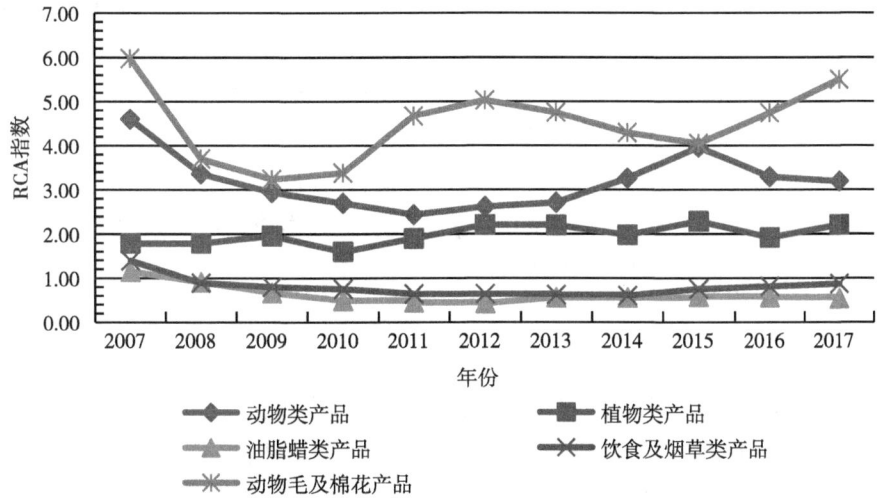

图7-5　2007—2017年澳大利亚农产品分类别RCA指数

植物类产品整体来看依然属于澳大利亚具备竞争力的农产品，其中谷物、制粉工业产品（HS10、HS11）属于澳大利亚极具竞争力的农产品，主要因为澳大利亚是世界上重要的粮食出口国和工业产品出口国，其生产的谷物等粮食产品和工业产品有着高标准、高质量等特征。食用蔬菜、根及块茎，食用水果及坚果，甜瓜等水果果皮，油籽、籽仁、工业或药用植物、饲料（HS07、HS08、HS12）属于具备竞争力的农产品，且随着时间的推移，竞争力逐渐增大。活植物、茎、根、插花、叶、咖啡、茶、马黛茶及调味香料，虫胶、树脂及其他植物汁，编结用植物材料，其他植物产品（HS06、HS09、HS13、HS14）属于澳大利亚不具备比较优势的农产品，且随着时间的变化，指数较为稳定。

饮食及烟草类产品及油脂蜡类产品整体来看属于澳大利亚竞争较弱的农产品，且随着时间的推移，RCA指数变化较小，属于常年不具备竞争力的农产品。从个别农产品来看，饮料、酒及醋，食品工业的残渣及废料、配置的饲料（HS22、HS23）的竞争优势也较为明显，但是随着时间的变化，竞争优势开始明显下降。

4. 中澳农产品产业内贸易指数

产业内贸易指数（Infra-Industry Trade，IIT）是用来分析双边贸易结构的指数，从产品贸易结构上看，可以把国际贸易分成两种基本类型：产业内贸易，即贸易双方针对同一部门或同一行业的产品既有出口也有进口，又称为重叠贸易；产业间贸易，即贸易双方针对于同一部门或同一行业的产品只存在单向的出口或进口，又被称为单向贸易。对产品贸易结构问题的研究始于20世纪60年代，不同的经济学家建立了各自的测量指标，例如，巴拉萨指数（1966）、格鲁贝尔-劳埃德指数（1975）、Aquino度量方法（1978）、伯格斯特朗德度量方法（1983）等。其中，格鲁贝尔-劳埃德指数是迄今为止最具权威的产业内贸易测量指标，其表达式如下：

$$IIT_i = 1 - \left| \frac{X_i - M_i}{X_i + M_i} \right| \quad (7-7)$$

式中，IIT_i表示i产业或产品类的产业内贸易指数，X_i与M_i分别表示第i类产品出口值与进口值。IIT_i接近1，这表明双边在生产该产品时所用的要素比较相似，双边自然资源禀赋比较相近，该产品的贸易属于产业内贸易；IIT_i趋向0，这表明双边在生产该产品时所用的要素有所不同，双边自然资源禀赋有所差异，该产品贸易属于产业间贸易。在本章中，所谓的同产业产品，指的是HS中同一章节的产品。

由表7-10和表7-11所知，2007—2017年间中澳农产品IIT指数在小于0.3区间内的农产品种类最多，其次为在0.3~0.7内的农产品较多，最少的农产品种类数在大于0.7的区间内，这说明中澳间农产品贸易，因自然资源禀赋和要素密集特征的不同，整体上为产业间贸易形式，例如，动物产品、粮食产品、棉花产品等为土地密集型产品，这与澳大利亚农产品生产要素特征十分符合，澳大利亚地广人稀，农业机械化程度高，所生产的农产品竞争力强，因此贸易形式为产业间贸易，而对中国来说，生产要素特征属于劳动密集型，所以在水产品、植物类产品、蔬果产品等表现出产业间贸易形式，但近些年随着中国经济社会的转型，贸易形式也发生了变化，这在个别章节的贸易指数中可以体现。

由图7-6所示，中澳农产品贸易分类别来看，饮食及烟草类产品整体上IIT指数位于0.5~1的区间内，说明这类农产品整体上属于产业内贸易形式，其中分产品来看，肉、鱼、及其他水生无脊椎动物的制品（HS16）10年间除了 2013 年 IIT 指数为 0.91 以外，其他年份指数皆小于 0.1，是典型的产业间贸易。糖及糖食（HS17）除了 2008 年、2009 年、2011 年 IIT 指数小于 0.5 外，其他年份皆大于 0.5，是典型的产业内贸易形式。可可及可可制品（HS18）IIT 指数在 2007—2011 年间整体上小于 0.5，属于典型的产业间贸易形式，2012—2016 年，IIT 指数大于 0.5，贸易形式开始由产业间贸易向产业内贸易转变，于 2017 年又转变为产业间贸易，变化较大。谷物、淀粉等或乳的制品（HS19）除了 2013 年、2016 年、2017 年 IIT 指数小于 0.5，其他年份皆大于 0.5，是典型的产业内贸易形式，但由 2016 年起，指数开始下降到 0.5 以下，有转变为产业内贸易的趋势。蔬菜、水果等植物或其他部分的制品（HS20）10 年间 IIT 指数接近于 0，是典型的产业间贸易形式。杂项食品（HS21）10 年间 IIT 指数维持在 0.5 左右，贸易形式以产业内和产业间贸易相互转化为主。饮料、酒及醋（HS22）除了 2013 年 IIT 指数接近于 1，其他年份皆接近于 0，属于产业间贸易形式。食品工业的残渣及废料、配置的饲料（HS23）除了 2007 年、2010 年、2013 年 IIT 指数小于 0.5，其他年份皆大于 0.6，是典型的产业内贸易形式。烟草、烟草及代用品的制品（HS24）10 年间除了 2013 年为 0.01，其他年份 IIT 指数皆为 0，属于产业间贸易。

表 7-10 2007—2017 年中澳农产品 IIT 指数

编号	2007 年	2008 年	2009 年	2010 年	2011 年	2012 年	2013 年	2014 年	2015 年	2016 年	2017 年
HS01	0.00	0.00	0.00	0.00	0.00	0.00	0.00	0.00	0.00	0.00	0.00
HS02	0.00	0.00	0.00	0.00	0.00	0.00	0.54	0.00	0.00	0.00	0.00
HS03	0.83	0.75	0.61	0.68	0.96	0.62	0.06	0.59	0.71	0.62	0.53
HS04	0.05	0.05	0.13	0.08	0.07	0.11	0.07	0.10	0.15	0.13	0.10
HS05	0.24	0.30	0.13	0.12	0.10	0.08	0.10	0.08	0.08	0.09	0.09
HS06	0.02	0.06	0.07	0.59	0.09	0.06	0.04	0.07	0.24	0.26	0.25
HS07	0.03	0.05	0.03	0.20	0.06	0.20	0.84	0.09	0.46	0.33	0.41
HS08	0.69	0.65	0.61	0.57	0.65	0.95	0.10	0.74	0.45	0.32	0.18
HS09	0.25	0.20	0.17	0.22	0.09	0.13	0.09	0.09	0.10	0.12	
HS10	0.02	0.03	0.00	0.00	0.00	0.00	0.23	0.00	0.00	0.00	0.00
HS11	0.91	0.58	0.50	0.40	0.49	0.36	0.06	0.24	0.35	0.45	0.50
HS12	0.72	0.75	0.64	0.88	0.14	0.21	0.15	0.11	0.15	0.26	0.17
HS13	0.09	0.09	0.07	0.06	0.11	0.11	0.16	0.07	0.06	0.03	0.03
HS14	0.00	0.00	0.01	0.01	0.26	0.21	0.25	0.00	0.00	0.00	0.00

(续表)

编号	2007年	2008年	2009年	2010年	2011年	2012年	2013年	2014年	2015年	2016年	2017年
HS15	0.05	0.03	0.07	0.05	0.08	0.15	0.00	0.25	0.29	0.33	0.17
HS16	0.02	0.09	0.01	0.01	0.00	0.00	0.91	0.00	0.00	0.00	0.02
HS17	0.93	0.32	0.13	0.81	0.45	0.67	0.76	0.91	0.67	0.85	0.81
HS18	0.35	0.20	0.14	0.38	0.45	0.73	0.59	0.90	0.96	0.74	0.33
HS19	0.59	0.78	0.72	0.60	0.60	0.57	0.07	0.52	0.55	0.49	0.42
HS20	0.05	0.02	0.03	0.05	0.04	0.05	0.39	0.07	0.06	0.08	0.12
HS21	0.43	0.38	0.50	0.56	0.50	0.60	0.15	0.45	0.79	0.51	0.35
HS22	0.27	0.47	0.21	0.16	0.13	0.14	0.98	0.20	0.11	0.10	0.10
HS23	0.49	0.72	0.63	0.38	0.74	0.89	0.00	0.92	0.75	0.97	0.79
HS24	0.00	0.00	0.00	0.00	0.00	0.00	0.01	0.00	0.00	0.00	0.00
HS51	0.03	0.03	0.03	0.02	0.02	0.02	0.02	0.02	0.02	0.02	0.01
HS52	0.19	0.22	0.17	0.07	0.03	0.02	0.00	0.05	0.10	0.10	0.07

表7-11　2007—2017年中澳农产品IIT指数分类统计

指标	2007年	2008年	2009年	2010年	2011年	2012年	2013年	2014年	2015年	2016年	2017年	趋势
IIT>0.7	4	4	1	2	2	3	4	4	4	3	2	减少
0.3≤IIT≤0.7	5	6	6	8	6	5	3	3	5	7	6	增多
IIT<0.3	17	16	19	16	18	18	19	19	17	16	18	增多

油脂蜡类产品IIT指数介于0~1，贸易形式为由产业间贸易向产业内进行转化。其中，2007—2014年，IIT指数小于0.4，总体为产业间贸易，之后呈现逐年升高的趋势，2014—2017年，指数逐渐趋向1，贸易形式转变为产业内贸易。动植物油脂蜡，精致油脂（HS15）10年间IIT指数接近于0，是典型的产业间贸易形式。

动物类产品IIT指数介于0~0.4，贸易形式整体上为产业间贸易。其中，活动物、肉及食用杂碎、乳、蛋、蜂蜜及其他食用动物产品以及其他动物产品（HS01、HS02、HS04、HS05）IIT指数皆趋向于0，是典型的产业间贸易形式。鱼及其他水生无脊椎动物（HS03）除了2013年IIT指数接近于0，其他年份皆大于0.5，是典型的产业内贸易。

植物类产品IIT指数介于0~0.8，且随着年份的变化，指数逐渐减小，贸

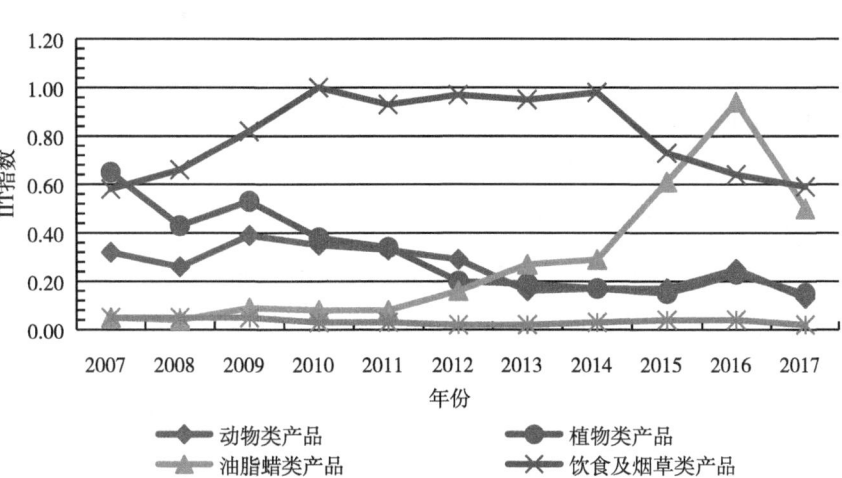

图 7-6 2007—2017 年中澳农产品分类别 IIT 指数统计

易形式属于由产业内贸易向产业间贸易转变。其中，活植物、茎、根、插花、叶和食用蔬菜、根及块茎（HS06、HS07）IIT 指数整体上接近于 0，属于典型的产业间贸易。食用水果及坚果，甜瓜等水果果皮（HS08）IIT 指数由 2007 年的 0.69 到 2017 年的 0.18，呈现逐年下降的趋势，贸易方式由产业内贸易逐渐向产业间贸易转变。咖啡、茶、马黛茶及调味香料、谷物、虫胶、树脂及其他植物汁、编结用植物材料，其他植物产品（HS09、HS10、HS13、HS14）IIT 指数趋向于 0，皆为典型的产业间贸易。制粉工业产品及油籽、籽仁，工业或药用植物、饲料（HS11、HS12）IIT 指数皆呈现逐渐下降的趋势，贸易方式由产业内贸易向产业间贸易转变。

动物毛及棉花产品 IIT 指数趋向于 0，整体呈现产业间贸易形式。其中羊毛及动物毛（HS51）IIT 指数由 2007 年的 0.03 下降至 2017 年的 0.01，棉花、生棉、废品棉、精梳棉（HS52）IIT 指数由 2007 年的 0.19 下降至 2017 年的 0.07，皆为典型的产业间贸易。

5. 中澳农产品贸易强度指数

贸易强度指数（Trade Intensity Index，TII）是用来描述国家间产品贸易相互依存程度和相对集中度的重要指标，后经 Kiyoshi Kojima（1958）、Peter Drysdale（1967）、山泽逸平（1971）等完善，将表达式定义如下：

$$\text{TII}_{ij}^k = \frac{X_{ij}^k / X_{iw}^k}{M_{jw}^k / (M_{ww}^k - M_{iw}^k)} \qquad (7-8)$$

式中，TII_{ij}^k 表示国家 i 与国家 j 间 k 产品的贸易强度指数；X_{ij}^k 表示国家 i 对国家 j 的 k 产品的出口额；X_{iw}^k 表示国家 i 的 k 产品的出口总额；X_{ij}^k / X_{iw}^k 表示国家 i 对国家 j 的 k 产品的出口总额占国家 i 的 k 产品总出口额的比重；M_{jw}^k 表示国家 j 的 k 产品的进口总额；M_{ww}^k 表示世界 k 产品的总进口额；M_{iw}^k 表示国家 i 的 k 产品的总进口额；$M_{ww}^k - M_{iw}^k$ 表示世界 k 产品的总进口额减去国家 k 产品的总进口额，$M_{jw}^k / (M_{ww}^k - M_{iw}^k)$ 表示国家 j 的 k 产品的总进口额占世界 k 产品总进口额的比重（在世界 k 产品进口额中减去国家 i 的 k 产品进口额是因为国家 i 无法与本国进行贸易）。当 $\text{TII}_{ij}^k > 1$ 时，则表明国家 i 对国家 j 的出口水平高于同期国家 j 从世界市场进口 k 产品的份额，说明双边间 k 产品贸易的紧密程度较强，一般来说，TII_{ij}^k 值越大，则表明双边间 k 产品的贸易强度越强、互补性越强；反之则表明双边间 k 产品贸易强度较弱，互补性较弱。

通过表 7-12 可以发现，中国农产品对澳大利亚的 TII 指数中贸易强度较强的农产品与较弱的农产品种类整体上数量相差不大，其中贸易强度较高的农产品种类略高于贸易强度较弱的农产品种类，而且随着时间的推移，贸易紧密的农产品种类逐渐增高，贸易强度较差的农产品种类在逐渐减少，这说明以中国出口、澳大利亚进口的农产品贸易结构潜力巨大，中澳农产品间的紧密程度在日益提高、互补程度也在逐渐增强。下面将对中澳间具体农产品的贸易互补情况及互补程度进行详细统计分析。

表 7-12　2007—2017 年中国对澳大利亚农产品 TII 指数

编号	2007 年	2008 年	2009 年	2010 年	2011 年	2012 年	2013 年	2014 年	2015 年	2016 年	2017 年
HS01	0.00	0.00	0.00	0.00	0.00	0.00	0.00	0.00	0.00	0.00	0.00
HS02	0.00	0.00	0.02	0.00	0.00	0.00	0.00	0.01	0.00	0.02	0.05
HS03	0.70	0.77	0.97	1.18	1.24	1.06	1.19	1.19	1.24	1.60	1.01
HS04	0.53	0.58	1.79	1.29	1.15	1.71	1.81	3.31	3.67	3.06	2.62
HS05	0.11	0.15	0.11	0.13	0.07	0.06	0.06	0.07	0.06	0.10	0.09
HS06	3.94	3.43	2.21	2.09	4.44	4.91	3.05	2.43	4.22	6.13	4.56
HS07	1.62	2.10	2.13	1.71	1.64	1.79	1.75	1.64	1.73	1.84	2.53
HS08	1.43	1.23	1.51	1.48	1.79	1.39	1.80	1.80	1.22	1.10	0.84

(续表)

编号	2007年	2008年	2009年	2010年	2011年	2012年	2013年	2014年	2015年	2016年	2017年
HS09	0.34	0.44	0.39	0.42	0.65	0.74	0.67	0.72	0.88	0.62	0.59
HS10	0.34	4.43	0.04	0.05	0.06	0.13	0.08	0.30	1.35	0.78	1.38
HS11	1.11	1.28	6.74	4.75	4.76	4.99	8.56	7.71	5.47	4.85	3.51
HS12	0.98	1.77	1.53	1.31	1.37	1.59	3.06	3.10	3.16	2.96	2.51
HS13	0.72	0.49	0.67	0.66	0.65	0.65	0.88	0.88	1.29	1.23	1.31
HS14	1.71	1.60	1.98	1.11	1.96	3.12	2.70	2.48	2.29	2.51	2.16
HS15	0.99	0.93	1.75	1.72	2.66	3.05	4.03	3.07	3.84	3.38	3.50
HS16	0.96	0.76	0.84	0.75	0.96	0.82	1.02	1.07	0.88	0.97	1.40
HS17	5.10	9.56	8.79	7.51	6.84	6.41	6.39	5.29	5.12	4.86	5.18
HS18	1.68	1.99	3.04	2.30	3.73	3.59	2.90	2.35	1.40	1.00	4.13
HS19	3.14	3.88	3.97	3.34	3.71	3.36	3.47	2.82	2.54	2.15	2.18
HS20	1.19	1.40	1.28	1.19	1.24	1.19	1.16	1.12	1.19	1.05	1.05
HS21	0.75	1.54	1.48	1.47	1.47	1.04	1.33	0.96	0.94	0.83	1.08
HS22	0.60	1.35	0.85	0.73	0.76	0.68	0.82	1.01	0.84	0.90	1.11
HS23	0.52	0.87	0.58	0.63	1.16	0.64	0.67	0.69	0.74	0.62	0.64
HS24	3.35	4.60	2.85	2.59	2.41	2.07	1.22	0.88	0.78	0.88	0.83
HS51	0.73	0.77	0.70	0.54	0.76	0.84	1.20	1.42	1.57	1.68	1.57
HS52	0.42	0.53	0.49	0.55	0.81	0.66	0.86	0.97	1.05	0.84	0.82

如图7-7所示，从整体上来看以中国出口、澳大利亚进口的农产品贸易结构吻合度较好，其中包括贸易强度指数较高的农产品，如油脂蜡类产品，也包括贸易强度指数较低的农产品，如动物毛产品与动物毛及棉花产品。从农产品的不同类别来看，油脂蜡类产品是贸易强度水平最高的农产品，且随着年份的变化，指数不断增强，双边间此类产品的贸易紧密度逐渐增大。饮食及烟草类产品的TII指数整体上大于1，属于互补性较强的农产品，其中贸易强度指数最大的产品即为糖及糖食（HS17），年均贸易强度指数均高于4，属于互补程度极高的农产品；其次，可可及可可制品（HS18）、谷物、淀粉等或乳的制品（HS19）、蔬菜、水果等植物或其他部分的制品（HS20）、烟草、烟草及代用品的制品（HS24）的年均贸易强度指数均远大于1，属于中澳间互补性强的农产品；还有部分农产品的贸易强度值一直处于1上下波动，但整

体水平高于1，属于互补性程度较强的农产品，例如，肉、鱼及其他水生无脊椎动物的制品（HS16）、杂项食品（HS21）；还有部分农产品在个别年份的贸易强度指数也偶尔出现大于1的情况，但是从整个时间段来看，依然属于互补性较弱的农产品，例如，饮料、酒及醋和食品工业的残渣及废料、配置的饲料（HS22、HS23）。

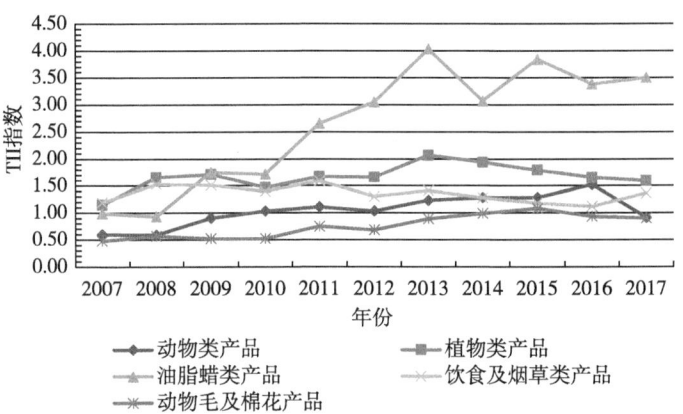

图7-7　2007—2017年中国对澳大利亚农产品分类别TII指数统计

植物类农产品TII指数变动范围在1~2，说明中国与澳大利亚在这一类农产品上的彼此依存度较高，属于双方互补型农产品（表7-13）。分类别来看，活植物、茎、根、插花、叶、食用蔬菜，根及块茎，食用水果及坚果，甜瓜等水果果皮，制粉工业产品，油籽、籽仁，工业或药用植物、饲料，其他植物产品（HS06、HS07、HS08、HS11、HS12、HS14）TII指数远高于1，属于中澳间互补性极强的农产品，这主要因为植物蔬果类产品属于劳动力密集型产品，而澳大利亚的人力成本高昂，通过国外进口满足国内需求成为澳大利亚的主要选择；部分农产品的贸易强度指数较低，属于中澳间互补程度较低的农产品，例如，咖啡、茶、马黛茶及调味香料，谷物，虫胶、树脂及其他植物汁（HS09、HS10、HS13）。

表7-13　2007—2017年中国农产品对澳大利亚TII指数统计

指标	类别	2007年	2008年	2009年	2010年	2011年	2012年	2013年	2014年	2015年	2016年	2017年	趋势
TII≥3	贸易强度 （很强）	4	5	4	3	5	7	6	5	6	5	5	增多

（续表）

指标	类别	2007年	2008年	2009年	2010年	2011年	2012年	2013年	2014年	2015年	2016年	2017年	趋势
1≤TII<3	贸易强度（较强）	6	9	10	12	11	8	11	11	11	10	13	增多
0.5≤TII<1	贸易强度（较差）	10	7	6	6	6	7	5	6	6	8	5	减少
TII<0.5	贸易强度（差）	6	5	6	5	4	4	4	4	3	3	3	减少

数据来源：WITS数据库，经整理计算得到。

动物类产品、动物毛及棉花产品皆属于中国与澳大利亚互补程度较低的农产品，其中动物类产品随着时间的变化，TII指数逐渐增大，且2010—2016年间，贸易强度指数均大于1，说明中国出口该产品依然具有潜力；动物毛及棉花类产品整体上变化较小，且贸易强度指数常年低于1，说明中国在该农产品的生产上不具备优势，与澳大利亚的贸易吻合程度不高。

通过表7-14和表7-15澳大利亚对中国的农产品TII指数可以发现，互补性较强的农产品与互补性弱的农产品的种类数量上相差不大，但整体上看互补性强的农产品种类数量更多，而且部分澳大利亚优势农产品的贸易强度指数远大于1，例如，活动物（HS01）、其他动物产品（HS05）、咖啡、茶、马黛茶及调味香料（HS09）、谷物（HS10）、淀粉等或乳的制品（HS19）、杂项食品（HS21）等，说明澳大利亚的优势农产品出口与中国的进口结构更为吻合，下面将对中澳间具体农产品的贸易互补情况及互补程度进行详细的统计分析。

表7-14　2007—2017年澳大利亚对中国农产品TII指数

编号	2007年	2008年	2009年	2010年	2011年	2012年	2013年	2014年	2015年	2016年	2017年
HS01	3.36	3.68	6.95	6.63	5.89	4.69	6.71	4.21	4.03	4.67	5.53
HS02	0.48	0.52	1.00	0.96	0.99	1.43	2.69	2.06	1.56	0.89	1.39
HS03	0.99	0.51	0.76	1.46	2.34	0.93	0.64	0.50	1.03	0.96	4.00
HS04	2.72	4.33	2.75	2.06	1.81	1.72	2.25	1.78	2.78	3.51	3.47
HS05	5.15	7.68	10.56	8.57	10.94	13.52	11.23	11.54	7.49	4.35	4.43
HS06	0.03	0.57	1.03	6.60	2.81	3.54	2.75	2.52	6.34	6.99	4.15
HS07	0.41	0.17	0.03	0.31	0.06	0.11	0.01	0.02	0.27	0.30	0.42
HS08	2.00	1.20	0.71	0.38	0.58	1.05	2.03	1.00	1.41	2.83	4.11

（续表）

编号	2007年	2008年	2009年	2010年	2011年	2012年	2013年	2014年	2015年	2016年	2017年
HS09	8.40	8.74	15.92	9.95	9.91	7.82	7.83	6.47	6.14	1.62	4.71
HS10	4.57	7.76	4.69	4.81	4.16	2.35	2.17	1.73	2.31	2.61	2.75
HS11	0.22	0.31	0.41	0.15	0.26	0.13	0.11	0.10	0.15	0.20	0.18
HS12	0.02	0.01	0.05	0.06	0.17	0.13	0.52	0.37	0.37	0.21	0.22
HS13	0.36	0.65	0.69	1.11	0.60	1.30	0.39	2.71	5.78	0.45	0.46
HS14	0.21	0.00	0.00	0.00	0.00	2.93	0.00	0.00	0.09	0.00	0.00
HS15	2.51	2.91	2.70	2.78	2.75	1.67	1.02	1.29	1.11	0.48	0.86
HS16	7.63	23.72	0.53	0.60	1.02	0.83	0.20	0.00	1.93	2.31	0.90
HS17	1.96	2.35	1.11	2.35	1.17	0.95	1.02	1.16	1.19	0.94	0.90
HS18	0.97	0.58	0.52	0.99	0.30	0.23	0.16	0.82	0.39	1.38	2.10
HS19	0.46	8.73	5.70	6.75	6.53	5.05	3.91	1.93	3.40	5.09	5.32
HS20	1.24	0.87	0.88	1.23	1.19	2.23	2.26	1.76	2.60	2.33	3.53
HS21	2.37	1.65	3.89	3.31	2.84	2.73	2.85	7.62	12.92	13.21	15.52
HS22	1.62	2.21	3.80	3.59	3.73	3.72	3.67	3.50	3.50	4.18	5.88
HS23	1.48	1.31	1.32	1.85	1.36	0.63	0.69	0.67	0.87	0.66	0.88
HS24	0.00	0.01	0.02	0.01	0.00	0.00	0.01	0.01	0.01	0.01	0.01
HS51	3.03	3.15	3.29	3.04	2.89	2.78	2.75	2.82	2.68	2.71	2.61
HS52	1.73	2.20	2.34	2.22	2.77	2.29	2.48	2.27	3.08	1.42	0.79

从时间上来看，除了饮食及烟草类制品（HS16~HS24），澳大利亚对中国的农产品贸易强度变化较为稳定。从分类别农产品来看，饮食及烟草类制品的变化最大，贸易强度指数由2007年的1.48增至2017年的8.11，属于双边具备极强互补性的农产品，这类产品中贸易强度指数最高的农产品为谷物、淀粉等或乳的制品（HS19）、杂项食品（HS21），这是因为澳大利亚为世界上主要的粮食产品净贡献国，所生产的粮食极具优势，其他与中国具备较强互补性的农产品还有蔬菜、水果等植物或其他部分的制品（HS20）、饮料、酒及醋（HS22），这里需要注意的变化是，在表7-12中，HS20产品同为中国与澳大利亚互补程度较高的农产品，但是贸易强度指数一直保持在1~2，但在表7-14中，可以发现澳大利亚的HS20农产品的贸易强度指数已由2007年的1.24增至2017年的3.53，优势程度已经高出中国，这是需要注意的地方；肉、鱼、及其他水生无

脊椎动物的制品（HS16）、糖及糖食（HS17）、食品工业的残渣及废料、配置的饲料（HS23）这几类农产品属于贸易强度变化较大的，贸易指数由大于1下降到1以下，说明中澳间这几类农产品的贸易互补程度在下降；可可及可可制品（HS18）属于贸易强度指数逐渐增高的农产品，由2007年的0.97增加到2017年的2.10，属于互补程度较强的农产品；烟草、烟草及代用品的制品（HS24）这类农产品的贸易强度指数10年间始终保持在0附近，说明以澳大利亚出口中国进口的这类农产品贸易结构几乎不存在。

表 7-15 2007—2017 年澳大利亚农产品对中国 TII 指数统计

指标	2007年	2008年	2009年	2010年	2011年	2012年	2013年	2014年	2015年	2016年	2017年	趋势
TII≥3	6	8	8	9	6	6	5	5	9	7	11	增多
1≤TII<3	9	7	7	8	11	11	11	12	10	8	4	减少
0.5≤TII<1	2	6	6	3	3	4	3	3	1	4	5	增多
TII<0.5	9	5	5	6	6	5	7	6	6	7	6	减少

贸易强度指数较高的农产品类别还包括动物毛及棉花产品（HS51、HS52）、动物类产品（HS1~HS5），其中动物类产品的贸易强度指数由0.80增至2.09，呈现增长的变化将，动物毛及棉花产品的贸易强度指数由2.94变化至2.46，整体保持在较为稳定的水平。动物毛及棉花类产品中也表现出不同的变化，其中羊毛及动物毛（HS51）的贸易强度指数整体保持在大于2的水平，属于双边间贸易互补性极强的农产品，这是因为澳大利亚畜牧业发达，所生产的羊毛品质优良，世界公认，所生产羊毛多用于服装加工，澳大利亚所生产的羊毛占世界服装市场所用量的半数；棉花、生棉、废品棉、精梳棉（HS52）这类农产品同样属于中澳间互补程度较高的农产品，但近些年互补程度有所下降。动物类产品（HS1~HS5）中贸易强度指数的平均水平皆大于1，属于中澳间互补性极强的农产品，这是因为澳大利亚为世界上畜产品出口的主要国家，中国虽是畜产品生产大国，但并非强国，对于满足国内优质农产品的需求依然需要依赖进口。

植物类产品（HS6~HS14）的贸易强度指数由2007年的0.53增长至2017年的1.09，属于中澳间互补程度逐渐加深的农产品。其中互补程度增长最快的农产品为活植物、茎、根、插花、叶，食用水果及坚果，甜瓜等水果果皮

(HS06、HS08),这两类农产品皆呈现出相同的变化情况,即互补程度逐渐加深,由开始的互补程度极弱变化至互补程度极强,说明澳大利亚这两类农产品的比较优势在逐渐增高,中国对于这种农产品的需求也在逐渐增大;而咖啡、茶、马黛茶及调味香料,谷物(HS09~HS10)这两类农产品的互补性指数虽然随时间的变化呈现降低的趋势,但是整体水平依然远大于1,属于互补程度极强的农产品;食用蔬菜、根及块茎(HS07),制粉工业产品,油籽、籽仁,工业或药用植物、饲料、虫胶、树脂及其他植物汁(HS11~HS13)这几类农产品常年贸易强度指数保持在0附近,属于中澳间互补程度极弱的农产品;而编结用植物材料、其他植物产品(HS14)除了2007年贸易强度指数为0.21,其他年份皆为0,属于中澳间几乎不存在互补关系的农产品(图7-8)。

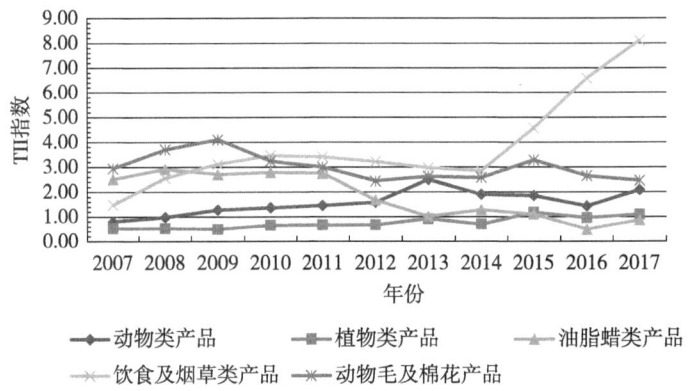

图7-8 2007—2017年澳大利亚对中国农产品分类别TII指数统计

6. 中澳农产品贸易竞争力指数

贸易竞争力指数(Trade Competitiveness,TC)是用来描述一国某种产品相对于另一国是否具有比较优势。其表达式如下:

$$TC_{ij}^{k} = \frac{X_{ij}^{k} - M_{ij}^{k}}{X_{ij}^{k} + M_{ij}^{k}} \tag{7-9}$$

式中,TC_{ij}^{k}表示k产品的贸易竞争力指数,X_{ij}^{k}与M_{ij}^{k}分别为i国对j国k产品的进出口贸易额,其值在-1到1之间变动。若$TC_{ij}^{k} > 0$,则该国是k产品的净出口国,i产品具有出口竞争力,TC_{ij}^{k}越大,竞争力越强;若$TC_{ij}^{k} < 0$,则该国是k产品的净进口国,TC_{ij}^{k}越小,竞争力越弱。一般将$TC_{ij}^{k} \geqslant 0.8$的产品列为具有高比较优势或竞争力很强产品;将$0.5 \leqslant TC_{ij}^{k} < 0.8$的产品列为竞争力强

产品;将 $0 < TC_{ij}^k < 0.5$ 的产品列为竞争力较强产品;将 $-0.5 \leq TC_{ij}^k < 0$ 的产品列为竞争力较差或具有低比较劣势产品;将 $-0.8 \leq TC_{ij}^k < -0.5$ 的产品列为竞争力差或高比较劣势产品;将 $TC_{ij}^k < -0.8$ 的产品列为竞争力很差或强比较劣势产品。贸易竞争力指数综合了出口和进口的因素,不但能够衡量产业内贸易程度,还可以对比较优势进行具体的量化,与产业内贸易指数相比有着进一步深入的分析作用。

通过表7-16和表7-17可以发现,中国农产品对澳大利亚的TC指数呈现两个极端,其中竞争力很强的农产品和竞争力很差的农产品个数占到农产品种类的大部分,且竞争力很差的农产品种类略高于竞争力很强的农产品种类;竞争力强、竞争力较强、竞争力较差、竞争力差的农产品中种类分布较为均匀,其中竞争力较强的农产品种类略多。

如图7-9所示,从整体上来看中国农产品对澳大利亚的竞争力不强。从农产品的不同类别来看,饮食及烟草类产品是竞争力最高的农产品,但是随着年份的变化,指数不断减小,竞争力逐渐减弱。肉、鱼及其他水生无脊椎动物的制品(HS16)TC指数一直保持在1附近,是属于竞争力很强的农产品。糖及糖食(HS17)的TC指数变化较大,由2007年的-0.07增长至2009年的0.87,又降至2017年的-0.19,竞争力由较差到很强再到较差,不再具备竞争力。可可及可可制品(HS18)除了2015年、2016年两年属于竞争力较差的农产品外,其他年份皆为竞争力强的农产品。谷物、淀粉等或乳的制品(HS19)除了2007年为正值外,其他年份TC值皆小于0,为不具备竞争力的农产品。蔬菜、水果等植物或其他部分的制品(HS20)TC指数接近于1,是中国与澳大利亚相比极具竞争力的农产品。杂项食品(HS21)在2007—2014年,TC指数皆大于0.5,属于竞争力强的农产品,从2015年开始变为竞争力较差的农产品并且逐渐不具备竞争力。饮料、酒及醋和食品工业的残渣及废料、配置的饲料(HS22、HS23)属于不具备竞争力的农产品。烟草、烟草及代用品的制品(HS24)TC指数皆为1,说明其与澳大利亚相比,为中国极具竞争力的农产品。

表7-16 2007—2017年中国对澳大利亚农产品TC指数

编号	2007年	2008年	2009年	2010年	2011年	2012年	2013年	2014年	2015年	2016年	2017年
HS01	-1.00	-1.00	-1.00	-1.00	-1.00	-1.00	-1.00	-1.00	-1.00	-1.00	-1.00

(续表)

编号	2007年	2008年	2009年	2010年	2011年	2012年	2013年	2014年	2015年	2016年	2017年
HS02	-1.00	-1.00	-1.00	-1.00	-1.00	-1.00	-1.00	-1.00	-1.00	-1.00	-1.00
HS03	0.17	0.25	0.39	0.32	0.04	0.38	0.46	0.41	0.29	0.38	-0.47
HS04	-0.95	-0.95	-0.87	-0.92	-0.93	-0.89	-0.94	-0.90	-0.85	-0.87	-0.90
HS05	-0.76	-0.70	-0.87	-0.88	-0.90	-0.92	-0.93	-0.92	-0.92	-0.91	-0.91
HS06	0.98	0.94	0.93	0.41	0.91	0.94	0.90	0.93	0.76	0.74	0.75
HS07	0.97	0.95	0.97	0.80	0.94	0.80	0.96	0.91	0.54	0.67	0.59
HS08	0.31	0.35	0.39	0.43	0.35	-0.05	-0.16	-0.26	-0.55	-0.68	-0.82
HS09	0.75	0.80	0.83	0.78	0.80	0.87	0.90	0.91	0.91	0.90	0.88
HS10	-0.98	-0.97	-1.00	-1.00	-1.00	-1.00	-1.00	-1.00	-1.00	-1.00	-1.00
HS11	0.09	0.42	0.50	0.60	0.51	0.64	0.77	0.76	0.65	0.55	0.50
HS12	0.28	0.25	-0.36	-0.12	-0.86	-0.79	-0.94	-0.89	-0.85	-0.74	-0.83
HS13	0.91	0.91	0.93	0.94	0.89	0.89	0.85	0.93	0.94	0.97	0.97
HS14	1.00	1.00	0.99	0.99	0.74	0.79	0.84	1.00	1.00	1.00	1.00
HS15	-0.95	-0.97	-0.93	-0.95	-0.92	-0.85	-0.75	-0.75	-0.71	-0.67	-0.83
HS16	0.98	0.91	0.99	0.99	1.00	1.00	1.00	1.00	1.00	1.00	0.98
HS17	-0.07	0.68	0.87	0.19	0.55	0.33	0.09	-0.09	-0.33	-0.15	-0.19
HS18	0.65	0.80	0.86	0.62	0.55	0.27	0.24	0.10	-0.04	-0.26	0.67
HS19	0.41	-0.22	-0.28	-0.40	-0.40	-0.43	-0.41	-0.48	-0.45	-0.51	-0.58
HS20	0.95	0.98	0.97	0.95	0.96	0.95	0.93	0.93	0.94	0.92	0.88
HS21	0.57	0.62	0.50	0.44	0.50	0.40	0.61	0.55	-0.21	-0.49	-0.65
HS22	-0.73	-0.53	-0.79	-0.84	-0.87	-0.86	-0.85	-0.80	-0.89	-0.90	-0.90
HS23	-0.51	-0.28	-0.37	-0.62	-0.26	-0.11	0.02	0.08	-0.25	-0.03	-0.21
HS24	1.00	1.00	1.00	1.00	1.00	1.00	1.00	1.00	1.00	1.00	1.00
HS51	-0.97	-0.97	-0.97	-0.98	-0.98	-0.98	-0.99	-0.98	-0.98	-0.98	-0.99
HS52	-0.81	-0.78	-0.83	-0.93	-0.97	-0.98	-0.98	-0.95	-0.90	-0.90	-0.93

数据来源：WITS 数据库。

表 7-17　2007—2017 年中国农产品对澳大利亚 TC 指数统计

指标	2007年	2008年	2009年	2010年	2011年	2012年	2013年	2014年	2015年	2016年	2017年	趋势
TC≥0.8	7	9	10	5	7	6	8	8	6	6	6	减少

(续表)

指标	2007年	2008年	2009年	2010年	2011年	2012年	2013年	2014年	2015年	2016年	2017年	趋势
0.5≤TC<0.8	3	2	1	4	5	3	2	2	3	3	4	增多
0<TC<0.5	5	4	3	5	2	4	4	3	1	1	0	减少
-0.5≤TC<0	1	2	3	2	2	3	2	3	5	4	3	增多
-0.8≤TC<-0.5	3	3	1	1	0	1	1	1	2	4	2	减少
TC<-0.8	7	6	8	9	10	9	9	7	9	8	11	增多

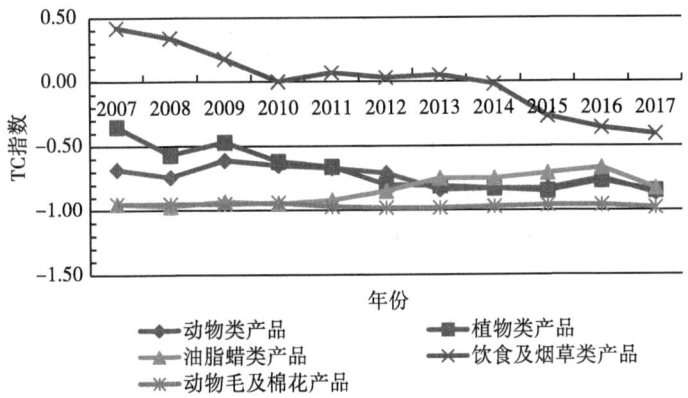

图 7-9 2007—2017 年中国对澳大利亚农产品分类别 TC 指数统计

植物类农产品 TC 指数变动范围在 0~-1，说明与澳大利亚相比，这一类农产品竞争力较差。分类别来看，活植物、茎、根、插花、叶、食用蔬菜、根及块茎（HS06、HS07）TC 指数接近于 1，属于竞争力极强的农产品。食用水果及坚果，甜瓜等水果果皮（HS08）TC 指数由 2007 年的 0.31 变化至 2017 年的 -0.82，竞争力由较强变化至不具备竞争力。咖啡、茶、马黛茶及调味香料（HS09）指数 10 年间接近于 1，属于极具竞争力的农产品。谷物（HS10）属于中国竞争力极差的农产品，10 年间 TC 指数皆接近于 -1。制粉工业产品（HS11）竞争力呈现增长的趋势，TC 指数由 2007 年的 0.09 增长至 2017 年的 0.50。油籽、籽仁、工业或药用植物、饲料（HS12）由 2007 年的 0.28，竞争力较强，变化至 2017 年的 -0.83 竞争力很差，变化较大。虫胶、树脂及其他植物汁、编结用植物材料,其他植物产品(HS13、HS14)的TC指数接近于1,属于极具竞争力的农产品。

动物类产品、油脂蜡类产品、动物毛及棉花产品皆属于中国竞争力较差的农产品,其中动物类产品随着时间的变化,TC指数逐渐减小,油脂蜡类产品变化较小,同样动物毛及棉花产品10年间趋势变化极小,常年不具备竞争力。

通过表7-18和表7-19可以发现,澳大利亚农产品对中国的竞争力指数同样表现出两个极端,竞争力很强和竞争力很差类别的农产品种类最多,整体来看,澳大利亚具有竞争力的农产品和不具备竞争力的农产品数量种类上大致相同。

表7-18 2007—2017年澳大利亚对中国农产品TC指数

编号	2007年	2008年	2009年	2010年	2011年	2012年	2013年	2014年	2015年	2016年	2017年
HS01	1.00	1.00	1.00	1.00	1.00	1.00	1.00	1.00	1.00	1.00	1.00
HS02	1.00	1.00	1.00	1.00	1.00	1.00	1.00	1.00	1.00	1.00	1.00
HS03	−0.32	−0.53	−0.50	−0.27	−0.09	−0.52	−0.67	−0.74	−0.38	−0.46	0.39
HS04	0.95	0.95	0.94	0.93	0.95	0.90	0.96	0.90	0.88	0.89	0.92
HS05	0.55	0.59	0.83	0.82	0.85	0.87	0.85	0.85	0.84	0.70	0.73
HS06	−1.00	−0.94	−0.89	−0.45	−0.82	−0.83	−0.84	−0.88	−0.71	−0.70	−0.82
HS07	−0.88	−0.97	−0.99	−0.83	−0.95	−0.84	−0.99	−0.98	−0.60	−0.70	−0.63
HS08	−0.32	−0.57	−0.53	−0.78	−0.67	−0.26	0.18	−0.13	0.34	0.59	0.79
HS09	−0.72	−0.77	−0.75	−0.77	−0.82	−0.85	−0.88	−0.88	−0.88	−0.92	−0.87
HS10	0.96	0.95	0.97	0.99	0.99	1.00	1.00	1.00	1.00	1.00	1.00
HS11	−0.53	−0.83	−0.56	−0.61	−0.48	−0.70	−0.71	−0.71	−0.57	−0.50	−0.43
HS12	−0.77	−0.75	−0.19	−0.19	0.55	0.49	0.87	0.70	0.65	0.49	0.54
HS13	−0.97	−0.95	−0.96	−0.95	−0.98	−0.98	−0.99	−0.88	−0.84	−0.99	−0.98
HS14	−0.99	−1.00	−1.00	−1.00	−1.00	−0.77	−1.00	−1.00	−1.00	−1.00	−1.00
HS15	0.95	0.96	0.91	0.92	0.92	0.84	0.73	0.71	0.39	0.06	0.50
HS16	−0.88	−0.75	−1.00	−0.99	−0.98	−0.98	−1.00	−1.00	−0.95	−0.96	−0.95
HS17	−0.74	−0.80	−0.90	−0.61	−0.70	−0.71	−0.74	−0.79	−0.74	−0.83	−0.86
HS18	−0.69	−0.77	−0.82	−0.64	−0.90	−0.93	−0.95	−0.73	−0.80	−0.29	−0.67

(续表)

编号	2007年	2008年	2009年	2010年	2011年	2012年	2013年	2014年	2015年	2016年	2017年
HS19	-0.95	-0.13	-0.14	0.18	0.24	0.20	0.20	-0.21	0.33	0.64	0.70
HS20	-0.96	-0.98	-0.97	-0.95	-0.96	-0.93	-0.92	-0.93	-0.91	-0.90	-0.83
HS21	-0.65	-0.83	-0.69	-0.63	-0.58	-0.59	-0.53	0.07	0.56	0.69	0.79
HS22	0.83	0.51	0.82	0.83	0.87	0.85	0.82	0.75	0.83	0.86	0.88
HS23	0.63	0.41	0.48	0.73	0.61	0.26	0.31	0.17	0.25	-0.15	0.05
HS24	-1.00	-1.00	-1.00	-1.00	-1.00	-1.00	-1.00	-1.00	-1.00	-1.00	-1.00
HS51	0.97	0.97	0.97	0.98	0.98	0.98	0.99	0.98	0.98	0.98	0.99
HS52	-0.04	0.64	0.70	0.87	0.96	0.97	0.97	0.95	0.02	0.88	0.85

数据来源：WITS数据库。

表7-19 2007—2017年澳大利亚农产品对中国TC指数统计

指标	类别	2007年	2008年	2009年	2010年	2011年	2012年	2013年	2014年	2015年	2016年	2017年	趋势
TC≥0.8	竞争力（很强）	7	6	8	9	9	9	9	7	7	7	7	不变
0.5≤TC<0.8	竞争力（强）	2	3	1	1	2	0	1	3	2	4	6	增多
0<TC<0.5	竞争力（较强）	0	1	1	1	1	3	3	2	5	2	2	增多
-0.5≤TC<0	竞争力（较差）	3	1	3	3	2	1	0	2	1	4	1	减少
-0.8≤TC<-0.5	竞争力（差）	6	6	4	6	3	5	4	4	2	2	2	减少
TC<-0.8	竞争力（很差）	8	9	9	6	9	8	9	8	7	7	8	不变

虽然从TC指数的统计上来看（图7-10），澳大利亚竞争力强和竞争力差的农产品种类大致相同，但是从分类别统计来看，澳大利亚农产品对中国整体上竞争力较强。最典型的农产品为动物毛和棉花产品（HS51~HS52）、动物类产品（HS01~HS05）。其中羊毛及动物毛（HS51）竞争力指数接近1，属于澳大利亚极具竞争力的农产品。棉花、生棉、废品棉、精梳棉（HS52）除了2007年和2015年TC指数较低，其他年份指数皆接近于1，同样属于竞争力强的农产品。动物类产品中除了鱼及其他水生无脊椎动物（HS03）TC指数

小于 0，属于不具备竞争力的农产品，其他农产品竞争力极强。

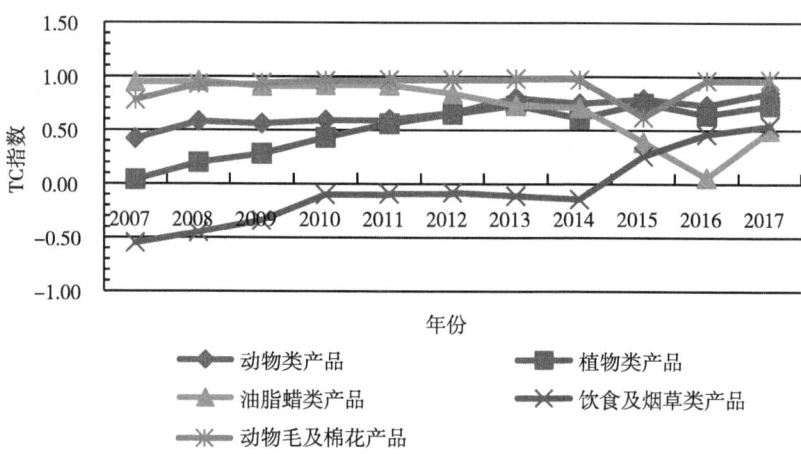

图 7-10 2007—2017 年澳大利亚对中国农产品分类别 TC 指数统计

同样具备竞争力的还有植物类产品（HS06~HS14）和油脂蜡类产品（HS15）。其中植物类产品随着年份的变化，竞争力逐渐增强，而油脂蜡类产品竞争力则有逐渐下降的趋势。活植物、茎、根、插花、叶，食用蔬菜、根及块茎，咖啡、茶、马黛茶及调味香料，制粉工业产品，虫胶、树脂及其他植物汁，编结用植物材料，其他植物产品（HS06、HS07、HS09、HS11、HS13、HS14）的 TC 指数接近 -1，且随着时间变化，指数变动较小，属于澳大利亚不具备竞争力的农产品。食用水果及坚果，甜瓜等水果果皮（HS08），油籽、籽仁、工业或药用植物、饲料（HS12）TC 指数随着年份的变化呈现出逐渐增长的趋势，竞争力从之前的不具备竞争力开始向竞争力极强的趋势转变。油脂蜡类产品（HS15）的 TC 指数 10 年间均大于 0，属于澳大利亚具备竞争力的农产品，但是随着时间的变化竞争力也在发生着变化，由 2007 年的极具竞争力开始向着竞争力较强转变。

饮食及烟草类农产品的竞争力总体呈现出逐渐增长的趋势，其中肉、鱼、及其他水生无脊椎动物的制品，糖及糖食，可可及可可制品（HS16~HS18），蔬菜、水果等植物或其他部分的制品，烟草及代用品的制品（HS20、HS24）属于澳大利亚不具备竞争力的农产品，谷物、淀粉等或乳的制品，杂项食品（HS19、HS21）属于澳大利亚由不具备竞争力逐渐转变为竞争力较强的农产品。饮料、酒及醋（HS22）属于澳大利亚竞争力极强的农产品。食品工业的残渣及废料、配置的饲料（HS23）同样属于澳大利亚具有竞争力的农产品，但是随着时间的推移，竞争力趋势逐渐减弱。

第三节　中澳农产品贸易增长因素实证分析

通过前两节对中澳农产品贸易现状的分析，可以发现中澳农产品贸易近十年来整体上呈现出良好的发展趋势，双边农产品出口在世界市场中呈现出竞争性小的贸易特征，在双方贸易中呈现出互补性强的贸易特征，总体来说，双边具备农产品贸易持续良好发展的基础条件。由图7-11可以发现，近10年来中澳农产品出口额确实呈现出增长的变化，但增长的背后具体是哪些原因导致了出口额的增长，每一种原因对于出口额所作出的贡献度又是怎样的？在本章，通过引入市场份额模型（Constant Market Share，CMS）来分析中澳农产品贸易增长背后的影响因素，并确定导致双边贸易增长的主导因素，以期为双方未来贸易发展提供决策依据，进而为深化双边贸易合作提供政策建议。

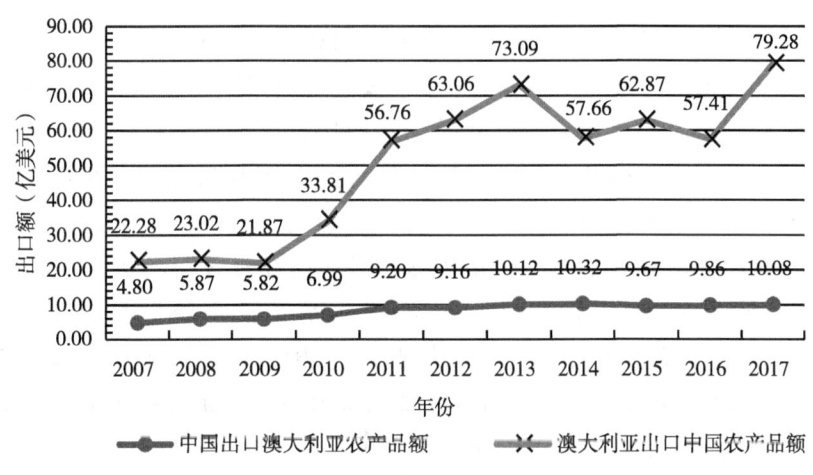

图7-11　2007—2017年中澳农产品出口额

一、恒定市场份额模型（CMS）简介

恒定市场份额模型（Constant Market Share，CMS）以其独特的研究视角，从产品结构和市场结构的角度对贸易增长量进行了原因解释，并且将影

响贸易额增长的因素分解为三个方面，分别为：结构效应、竞争力效应和交叉效应，三种效应对贸易增长产生的贡献给出了计算方式，用以量化影响因素。此后，Leamer 和 Stern 等在此基础上对模型理论内容进行了进一步的补充，而后 Jepma 和 Milana 等从出口贸易变化和市场份额变化两个方面对模型进行了修正，其中尤以 Jempa 对模型的扩展和补充最具代表性。在当今的国际贸易研究中，研究者们以 Tyszynski 提出的基本模型为基础，在模型原理不变的前提下，根据研究内容的不同，对模型选取不同的变量、在不同的层次进行修改扩展，通过不断对模型的补充完善，已使其逐渐成为研究国际贸易领域出口变化的重要计量模型，被研究学者广泛采用。CMS 模型以其独特的研究视角、研究体系对不同国家、地区间的产品出口贸易变化情况给予了解释，对全球贸易变化、国家制定进出口策略、区域间贸易流通等具有重大意义。

恒定市场份额模型的前提假设主要包括以下三个方面。

一是当一国的产品出口在目标市场的份额表示不变时，则代表其在目标市场的竞争力保持不变。

二是将实际出口增长差额作为影响竞争力因素进行分析。

三是一般来说，影响竞争力的因素主要包括价格因素与非价格因素。价格因素通常利用产品的成本来影响竞争力，即比较成本优势；而非价格因素则通过产品质量、服务以及政府的出口政策等方面影响竞争力，因此对竞争力的研究通常都集中于资源禀赋、比较优势、产品服务、扶植政策、技术支持等方面。而如果抛去价格与非价格因素，对一国在目标市场所占市场份额变动研究也能反映出竞争力的发展及变化情况。联合国贸易发展会议（UNCTAD）将竞争力定义为"获得营利以及在国内市场和（或）出口市场上保持市场份额的持续性能力"，所以尽管竞争力的变动无法完全用市场份额的变化予以衡量，但是其依然可以作为重要的分析手段。

二、恒定市场份额模型构建

随着市场份额模型中各解释效应不断被证实，且相较于其他计量模型具有直观、易于操作的特点，所以近年来开始受到国内众多学者的热捧，通常国内学者利用 CMS 模型来研究贸易出口的增长因素和结构因素等，在恒定市场份额模型中，我们可以将贸易变动分解为三个因素：交叉效应、结构效应以及竞争力效应。本研究以 Jempa 构建的 CMS 经典模型为基础，参考孙笑丹（2007）对于 CMS 模型的重新构造形式，构建了中澳农产品贸易出口变化的 CMS 模型，因中澳双方在农产品出口中皆将对方视为唯一的出口市场，因此在构建的模型中不考虑其他市场结构的影响因素，采取单一市场结构的 CMS 模型。

单一市场恒定市场份额模型将一国或地区的出口贸易增长变化原因分解为两个层次，第一层次为三个独立的分解项，分别为结构效应、竞争力效应、结构与竞争力交叉效应；第二层次进一步将第一层次的两个分解项继续进行分解，结构效应进一步分解为两个分解项的组合，分别为增长效应、产品结构效应，竞争力效应进一步分解为整体竞争力效应、具体竞争力效应的组合，结构与竞争交叉效应尚未进行进一步分解（表 7-20）。

表 7-20 中澳农产品出口贸易增长的 CMS 模型效应分解说明

项目	分解项	效应解释
第一层次分解	结构效应	假定出口国在所有目标市场中的出口份额不变，由于目标市场进口规模和进口结构变动而引起的出口国出口额的变化
	竞争力效应	它反映了由于出口国出口产品竞争力发生变动而导致的出口额的变化，用来说明一国能否在目标市场的所有产品上保持其份额
	交叉效应	它反映了出口份额的变化与目标市场在这些产品进口上的变化是否相一致，正值表示一国在某些进口规模扩大的产品上的份额有所提高，反之为负值
第二层次分解	增长效应	由于目标市场的需求增长而导致出口额增长。正值表示目标市场需求的增长拉动了出口额的增长；反之为负值
	产品结构效应	它反映了一国出口产品与目标市场进口增长较快产品间的匹配程度，正值表示一国出口主要集中于目标市场进口需求较大的产品上，数值越高，匹配程度越好；反之则为负值
	综合竞争力效应	它反映了一国整体出口产品的有效竞争力度，通过整体产品出口份额的增长对出口额增长的贡献程度来反映，贡献程度越大，则综合竞争力越强；反之越弱
	产品竞争力效应	它反映了一国特定出口产品有效竞争力度，通过特定产品出口份额的增长对出口额增长的贡献程度反映，贡献程度越大，则产品竞争力越强；反之越弱
	交叉效应	它反映了出口份额的变化是否与目标市场在这些产品进口上的变化相一致，正值表示一国出口在某些进口规模扩大的产品上的份额有所提高；反之为负值

注：根据孙笑丹（2007）CMS 模型效应分解总结、整理。

经过转化的单一市场 CMS 模型具体形式为：

$$\Delta q = \sum_i S_i^0 \Delta Q_i + \sum_i \Delta S_i Q_i^0 + \sum_i \Delta S_i \Delta Q_i \quad (7-10)$$

$$\Delta q = S^0 \Delta Q + (\sum_i S_i^0 \Delta Q_i - S^0 \Delta Q + \Delta S Q^0 + (\sum_i \Delta S_i Q_i^0 - \Delta S Q^0)$$

$$(7-11)$$

模型中的基本变量定义如下：

q 代表出口国农产品出口额变化量；S 代表出口国出口到目标市场农产品总额占出口国出口至世界农产品总额所占比例；Q 代表出口国出口至世界农产品总额；Δq 代表出口国两个时期出口额变化量；S_i 代表出口国出口至目标市场第 i 类农产品总额在出口至世界第 i 类农产品所占份额；Q_i 代表出口国出口至世界第 i 类农产品出口额；Δ 代表不同时期变化量；其中，上标 0 代表期初年份，$\sum_i S_i^0 \Delta Q_i$ 代表结构效应；$\sum_i \Delta S_i Q_i^0$ 代表竞争力效应；$\sum_i \Delta S_i \Delta Q_i$ 代表交叉效应；$S^0 \Delta Q$ 代表增长效应；$\sum_i S_i^0 \Delta Q_i - S^0 \Delta Q$ 代表产品结构效应；$\Delta S Q^0$ 代表整体竞争力效应；$\sum_i \Delta S_i Q_i^0 - \Delta S Q^0$ 代表具体竞争力效应。

三、恒定市场份额模型分解效应分析

以 2007—2017 年为研究区间，根据中澳农产品进出口贸易情况，并结合金融危机、中澳自贸协定签订等事件的影响，分别以 2009 年、2015 年为时间节点，将中澳农产品贸易分为三个阶段，第一阶段为 2007—2009 年，在这一阶段，受国际金融危机影响，中澳农产品出口贸易额呈现出波动变化；第二阶段为 2010—2014 年，这一阶段为中澳自贸协定签订过渡阶段；第三阶段为 2015—2017 年，这一阶段为自贸协定生效初期，通过阶段的划分来研究中澳双方农产品贸易不同时期变化的原因。

如表 7-21 所示，整体来看，10 年间中国出口澳大利亚农产品贸易额共增长 5.28 亿美元，在这一阶段，结构效应为贸易额增长的主要原因，对实际出口贸易增长的贡献率为 95.09%，其中增长效应与产品结构效应的贡献率分别为 84.67% 和 10.41%，说明这一阶段贸易额增长的主要原因是由于澳大利亚从中国进口农产品需求的增加以及中澳农产品进出口的结构匹配程度较高而导致的。竞争力效应在中国出口农产品贸易额中的贡献为 4.09%，其中整体竞争力效应和具体竞争力效应的贡献分别为 7.95% 和 -3.79%，这说明由于中

国出口农产品整体份额的提升弥补了由于特定农产品份额下降所带来的负面效应,从而使得出口额增长。交叉效应对出口额的贡献率为0.87%,说明这一时期中国农产品的出口份额在澳大利亚进口需求增长较快的农产品上呈现出增长的变化,虽然这一效应的贡献率较低,但依然对出口额的增长起到促进作用。由表7-21可知,2017年中国出口澳大利亚份额前两位的农产品分别为肉、鱼及其他水生无脊椎动物的制品(HS16),蔬菜、水果等植物或其他部分的制品(HS20)。从农产品成本收益分析的角度来看,以2017年各地区散养肉牛成本收益情况为例,2017年各地平均每头散养肉牛的主产品产量为424.25千克,相较于2007年的352.70千克,增长了71.55千克,总成本中的生产成本有所上升,主要原因在于饲料与服务费用的升高,2017年肉牛市场价格呈现出较大增幅的趋势,其中每50千克主产品的平均出售价格由2007年的668.78元增至2017年的1 292.47元,由于肉牛的价格上升幅度较高,成本上升幅度较为稳定,总体来看肉牛的净利润有所上升,由2007年的569.13元增至2017年的2 219.83元;从全国大中城市蔬菜平均成本收益情况来看,2017年蔬菜单产逐步提高,生产成本基本稳定,净利润不断增长,从而收益不断提高,每50千克主要产品的平均出售价格为101.17元,与2016年相比增加了3.25%,虽然各蔬菜品种的每亩含税成本有升有降,但变化幅度不大。从农产品生产成本收益分析的角度来看,中国对澳大利亚出口农产品贸易额增长的原因主要在于:①各地积极优化农产品生产种植结构,改进种植方式,选用优良品种,提高了农产品生产质量;②各地的农田水利设施逐渐完善,提高了农业抵御风险的能力;③农产品市场供给结构逐渐发生变化,农产品的市场价格开始有所回升。

表7-21 2007—2017年中国对澳大利亚出口贸易增长CMS模型测算结果

影响因素	2007—2009年		2010—2014年		2015—2017年		2007—2017年	
	出口额(亿美元)	占比(%)	出口额(亿美元)	占比(%)	出口额(亿美元)	占比(%)	出口额(亿美元)	占比(%)
出口实际增长	1.02	100	3.33	100	0.41	100	5.28	100
第一层次分解								
结构效应	0.29	28.43	3.24	97.41	0.67	164.33	5.02	95.09
竞争力效应	0.68	66.67	0.05	1.65	-0.28	-68.70	0.22	4.09
交叉效应	0.05	4.90	0.04	1.11	0.02	4.00	0.05	0.87

（续表）

影响因素	2007—2009年		2010—2014年		2015—2017年		2007—2017年	
	出口额（亿美元）	占比（%）	出口额（亿美元）	占比（%）	出口额（亿美元）	占比（%）	出口额（亿美元）	占比（%）
第二层次分解								
增长效应	0.25	24.51	2.78	83.48	0.50	122.06	4.47	84.67
产品结构效应	0.04	3.92	0.46	13.81	0.17	41.36	0.55	10.41
整体竞争力效应	0.73	71.57	0.39	11.71	-0.09	-21.32	0.42	7.95
具体竞争力效应	-0.05	-4.90	-0.34	-10.21	-0.19	-46.97	-0.20	-3.79
交叉效应	0.05	4.90	0.04	1.11	0.02	4.00	0.05	0.87

分阶段来看，2007—2009年，这一阶段受金融危机影响，中国出口澳大利亚农产品贸易额增长较为缓慢，为1.02亿美元，竞争力效应为主要原因，对贸易额增长的贡献率为66.67%，其中整体竞争力效应和具体竞争力效应的贡献分别为71.57%和-4.90%，说明在这一阶段中国农产品在澳大利亚市场的整体出口份额的提高弥补了由于特定农产品出口份额下降而对出口额的增长所造成的负面效应。结构效应的贡献率为28.43%，其中增长效应与产品结构效应的贡献分别为24.51%和3.92%，说明澳大利亚市场对中国农产品进口需求的增大以及中澳进出口产品结构匹配程度的提高对出口额的增长起到了促进作用。交叉效应的贡献率为4.90%，说明这一阶段中国出口的农产品份额确实在澳大利亚进口需求较高的产品上有所增高，虽然贡献率较低，但是依然对出口额的增长起到促进作用。2010—2014年，这一阶段中国出口澳大利亚农产品贸易额增速较快，增长了3.33亿美元，在这一阶段，三种效应对出口额的增长皆贡献出促进作用，其中结构效应为增长的主要原因，其贡献率为97.41%，增长效应和产品结构效应的贡献分别为83.48%和13.81%，说明这一阶段澳大利亚农产品需求的增大以及中澳进出口产品结构匹配程较高是拉动出口额增长的主要原因，其中增长效应远远高于产品结构效应，也说明该阶段澳大利亚对中国农产品需求的增加对出口额的增长作出积极贡献。竞争力效应和交叉效应的贡献率分别为1.65%和1.11%，说明这一阶段中国整体出口的农产品在澳大利亚市场份额的增长对出口额的增长起到促进作用，而中国出口在澳大利亚需求旺盛农产品上的市场份额的增长同样对贸易额的增长起到促进的作用。

2015—2017年，这一阶段为中澳自贸协定签署初期，出口额增长较慢，为 0.41 亿美元，在这一阶段，结构效应与交叉效应对出口额的增长起到促进作用，而竞争力效应对出口额的增长起到了阻碍作用，其中结构效应为贸易额增长的主要原因，贡献率为 164.33%，其中增长效应和产品结构效应的贡献分别为 122.06% 和 41.36%，说明这一阶段澳大利亚对中国农产品进口需求的增长以及中国出口在澳大利亚需求旺盛农产品上的较高市场份额是贸易额增长的原因。竞争力效应在此阶段为负值，贡献率为 -68.70%，其中整体竞争力效应和具体引力效应对出口额的贡献率分别为 -21.32% 和 -46.97%，说明这一阶段中国出口澳大利亚整体农产品市场份额的降低以及特定农产品市场份额的降低对出口额的增长起到阻碍作用。交叉效应为正值，贡献率为 4.00%，说明这一阶段中国出口的农产品在澳大利亚进口规模较大的农产品上的市场份额有所增加，交叉效应与结构效应的共同作用弥补了竞争力效应对出口额的阻碍作用，使得出口额依然呈现出微弱的增长变化。

如表 7-22 所示，整体来看，10 年间澳大利亚对中国农产品出口增长 56.70 亿美元，远高于中国对澳农产品出口，在这期间，三种效应对于出口额的增长皆表现为促进作用，其中竞争力效应为贸易额增长的主要原因，其贡献率为 45.67%，其中整体竞争力效应与具体竞争力效应的贡献率分别为 38.57% 和 7.09%，说明这一阶段澳大利亚对中国出口的整体农产品与特定农产品市场份额的提高对出口额的增长皆呈现出促进作用。结构效应的贡献率为 21.07%，其中增长效应和产品结构效应的贡献率分别为 31.25% 和 -10.12%，说明虽然这一阶段澳大利亚出口中国的农产品并没有集中于那些中国需求增长较快的农产品，但是因中国对澳大利亚农产品需求的增加抵消了这部分负面效应，整体上对于出口额的增加依然起到了促进作用。交叉效应对于出口额的增长的贡献率为 33.79%，说明这一阶段澳大利亚在中国进口规模增加的农产品上的市场份额有所提高，且高于结构效应的 21.07%，对出口额的增长起到了促进作用。2017 年中国进口澳大利亚份额排名前两位的农产品分别是羊毛及动物毛（HS51）、谷物（HS10），从农产品成本收益分析的角度来看，2017 年棉花每亩主产品产量为 105.94 千克，比上一年增加了 7.39 千克，增幅较小，受到国际棉花价格降低的影响，2017 年国内棉花每 50 千克主产品平均出售价格为 736.73 元，相比于上一年减少了 0.19%，从而导致净利润相比于去年下降了 3.69%，现金收益下降了 4.43%；从 2017 年各地区小麦成本收益情况来看，单产由 2007 年的 359.90 千克增至 2017 年的 423.54 千克，增长幅度较小，然而生产成本的增幅较大，每亩总成本由2007年的438.61元增至2017年的1007.64元，其中物料与服务费用和人工成本都有不同程度的增长，但是净利润由2007年的每亩125.30元降至6.10元，呈现出极大的下降变化。从农产品生产的成本收益角度分析，中国对澳大利亚进口农产品贸易额增长的原因在于：①农产品单产增幅较小，生产成本较大，导致收益降低，因此将目标瞄准国外，以此来满足国内的农产品需求；②国内农业人口基数庞大，劳动力整体素质水平较低，种养殖结构较为分散，农产品生产质量难以确保，使得中国大宗作物比较优势常年较低的现象难以去除。

表7-22 2007—2017年澳大利亚对中国出口贸易增长CMS模型测算结果

影响因素	2007—2009年		2010—2014年		2015—2017年		2007—2017年	
	出口额（亿美元）	占比（%）	出口额（亿美元）	占比（%）	出口额（亿美元）	占比（%）	出口额（亿美元）	占比（%）
出口实际增长	-0.42	-100	23.85	100	16.41	100	56.70	100
第一层次分解								
结构效应	-4.47	-1064.29	9.83	41.22	13.38	81.54	11.95	21.07
竞争力效应	4.95	1178.57	7.74	32.45	4.25	25.90	25.89	45.67
交叉效应	-0.89	-211.90	6.29	23.37	-1.18	-7.19	19.16	33.79
第二层次分解								
增长效应	1.43	340.48	13.98	58.62	6.38	38.88	17.72	31.25
产品结构效应	-5.90	-1 404.76	-4.15	-17.40	7.00	42.66	-5.74	-10.12
整体竞争力效应	-1.73	-411.90	6.98	29.27	9.11	55.51	21.87	38.57
具体竞争力效应	6.68	1 590.48	0.76	3.19	-4.86	-29.62	4.02	7.09

分阶段来看，2007—2009年，受金融危机的影响，这一阶段澳大利亚对中国农产品的出口额减少了0.42亿美元，在这一阶段，出口额的减少主要由结构效应与交叉效应所导致，竞争力效应对出口额的增长起到了促进作用，贡献率为1 178.57%，其中整体竞争力效应与具体竞争力效应的贡献率分别为-411.90%和1 590.48%，这说明虽然澳大利亚出口中国的整体农产品竞争力有所下降，但是因特定农产品在中国市场份额的提升，使得竞争力效应对于出口额的增长依然起到促进作用。结构效应为负值，其贡献率为-1 064.29%，其中增长效应与产品结构效应的贡献率分别为340.48%和-1 404.76%，说明这一阶段虽然中国对澳大利亚农产品需求有所增大，但是

澳大利亚的出口农产品并未集中在那些中国需求增长较快的产品上,导致双方进出口结构的匹配程度不高,虽然需求增高但依然无法弥补这一效应对出口额增长的阻碍作用。交叉效应也为负值,其贡献率为-211.90%,说明这一阶段澳大利亚在中国进口增长较快的农产品上的出口份额出现较大的下降变化,从而对出口额的增长起到了阻碍作用,虽然竞争力效应为正向效应,但依然无法弥补结构效应与交叉效应对出口额的阻碍作用,使得出口额依然呈现出下降的变化。

2010—2014年,这一阶段澳大利亚对中国农产品出口额增加了23.85亿美元,增速较快,三种效应对于出口额的增长皆起到促进作用,其中结构效应为主要原因,其贡献率为41.22%,增长效应和产品结构效应的贡献率分别为58.62%和-17.40%,说明这一阶段中国对澳大利亚整体农产品需求的增大弥补了因进出口结构匹配程度较低而对出口额的增长贡献的负向效应。竞争力效应的贡献率为32.45%,其中整体竞争力效应和具体竞争力效应的贡献率分别为29.27%和3.19%,说明这一阶段澳大利亚对中国出口的农产品整体竞争力和具体农产品的市场份额都有所增长,从而对出口额的增长起到促进作用。交叉效应的贡献率为23.37%,说明这一时期澳大利亚出口在中国需求快速增长的农产品上的份额有所增加,与其他两种效应共同对出口额增长起到促进作用。

2015—2017年,这一阶段为中澳自贸协定生效初期,澳大利亚对中国农产品出口额增长依然较快,为16.41亿美元,其中结构效应与竞争力效应对出口额的增长起到促进作用,而交叉效应对出口额的增长起到阻碍作用,结构效应为贸易额增长的主要原因,其贡献率为81.54%,其中增长效应和结构效应的贡献率分别为38.88%和42.66%,说明这一阶段中国对澳大利亚农产品的需求增加,且澳大利亚出口集中于中国需求增长较快的农产品上,二者共同对出口额的增长贡献出主要效应。竞争力效应的贡献率为25.90%,其中整体竞争力效应和具体竞争力效应的贡献率分别为55.51%和-29.62%,说明虽然澳大利亚出口中国的特定农产品市场份额有所下降,但是由于整体农产品市场份额的提升弥补了这一部分负面作用,使得竞争力效应对于出口额的增长起到了促进作用。交叉效应为负值,其贡献率为-7.19%,说明这一阶段澳大利亚在中国需求增长较快的农产品上的出口份额有所降低,从而对出口额的增长起到了阻碍作用,但是由于结构效应与竞争力效应共同弥补了这一部分的负面效应，使得出口额依然呈现出较快增长。

第四节 结论与政策建议

中澳双边作为亚太地区的农业大国，自建交以来，政治经济联系日益密切，尤其是进入21世纪以后，中国和澳大利亚双边在多层次、多领域展开了深入的交流与合作，中澳两个农产品贸易现状、贸易关系及贸易增长因素总结如下。

一、中澳农产品贸易现状分析结论

通过对中澳10年间农产品贸易的现状分析，可知中澳农产品贸易额除了个别年份出现波动外，整体上呈现出增长的变化，双边间的农产品贸易以中国进口澳大利亚农产品为主，中国出口澳大利亚虽然也呈现出增长的变化，但具有规模较小的特点，出口额远低于进口额，从而导致10年间中国一直处于贸易逆差一方，且根据双边贸易现状来看，短时间内双方贸易地位不会发生变化。从进出口贸易结构来看，中国出口澳大利亚的农产品主要集中在水生制品、蔬果植物制品、杂项制品等几类劳动密集型农产品，呈现出规模较小、结构较为单一的特点；中国进口澳大利亚的农产品主要集中在畜产品、粮食产品、饮品、棉花产品、乳制品等资源密集型农产品，呈现出规模较大、结构多样的特点。

二、中澳农产品贸易关系实证分析

为了对中澳间农产品贸易关系有更加全面的了解，引入了贸易指数来对双边间的关系进行实证分析：从整体农产品进出口的角度分析，通过计算双边间的出口相似性指数（ESI），发现双边在国际市场随着时间的变化，出口贸易结构的相似性极小，竞争程度极小；通过计算双边间贸易互补性指数（TCI），发现中澳间以澳大利亚出口、中国进口的贸易结构互补程度极强，侧面说明澳大利亚为中国重要的农产品进口市场，而以澳大利亚进口、中国出口的贸易结构互补性较弱，侧面说明双边基于这一贸易方式的农产品贸易仍具有潜力。

从分类农产品进出口的角度分析看,通过计算双边间的农产品比较优势指数(RCA),发现在世界市场中,中国具备比较优势的农产品种类较少,其中优势最强的农产品为动物毛及棉花产品,但优势程度仍小于澳大利亚,而澳大利亚在世界范围具备比较优势的农产品较多,动物类产品、植物类产品、动物毛及棉花产品皆为比较优势极强的农产品,相较而言油脂蜡类产品,饮食及烟草类产品则属于比较劣势产品;通过计算双边间农产品的产业内贸易指数(IIT),发现中澳间饮食及烟草类产品的贸易形式为典型的产业内贸易,油脂和蜡类产品随着时间的变化由产业间贸易向产业内贸易转移,植物类产品由产业内贸易向产业间贸易转移,动物类产品、动物毛及棉花产品为典型的产业间贸易;通过计算双边间农产品的贸易强度指数(TII),发现中澳间农产品的互补程度较好,从中国出口、澳大利亚进口的贸易结构来看,油脂蜡类产品、植物类产品、饮食及烟草类产品皆为双边具备一定互补性的农产品,而动物类产品为双边互补性不强的农产品,动物毛及棉花产品属于不具备互补性的农产品,从澳大利亚出口、中国进口的贸易结构来看,除了植物类农产品的互补程度较低外,油脂蜡类产品、饮食及烟草类产品、动物类产品、动物毛及棉花产品皆为双边间互补程度较高的农产品,整体上看,澳大利亚对中国的农产品出口依赖程度更高;通过计算双边间农产品的贸易竞争力指数(TC)发现中国与澳大利亚相比具备竞争力的农产品极少,除了饮食及烟草类产品具备微弱的竞争力外,其他农产品皆不具备竞争力,而澳大利亚与中国相比,除了在植物类产品的竞争力较弱外,其他农产品皆具备极强的竞争力。

三、中澳农产品贸易增长因素分析

通过引入市场份额模型对中澳农产品贸易出口的波动因素进行分析,可以发现:

2007—2017年,中国出口澳大利亚贸易额呈现增长的变化,结构效应为主要原因,说明这一时期中国农产品出口额的增长主要得益于澳大利亚对中国农产品进口规模的增加以及中国出口的农产品与澳大利亚进口需求增长较快农产品结构匹配程度较高;澳大利亚对中国的出口贸易额同样呈现增长变化,竞争力效应为主要原因,说明这一时期主要是由于澳大利亚农产品在中国市场中所占份额的提高从而导致了出口额的增长。

2007—2009年，中国对澳大利亚的农产品出口额呈现缓慢增长，竞争力效应为这一变化的主要原因，说明这一时期中国农产品在澳大利亚市场中所占份额的提高导致了出口额的增长；这一阶段澳大利亚对中国的农产品出口额呈现出降低的变化，结构效应与交叉效应是导致这一结果的原因，这说明这一时期中国对澳大利亚农产品需求的降低以及澳大利亚出口农产品结构与中国进口匹配程度的降低是导致出口额降低的主要原因，而澳大利亚在中国进口规模扩大的农产品中份额的减少是导致出口额降低的另一主要原因。

2010—2014年，中国对澳大利亚农产品出口额呈现较快增长，结构效应为导致这一变化的主要原因，说明这一时期澳大利亚对中国农产品需求的增长以及中国出口澳大利亚需求产品的匹配度较高是导致出口额增长的原因；这一时期澳大利亚对中国的农产品出口额同样呈现出增长较快的变化，其中结构效应依然为导致这一变化的主要原因，具体来看，增长效应对出口额的增长贡献了正向效用，而产品结构效用对出口额的增长起到了阻碍作用。

2015—2017年，中国对澳大利亚农产品出口的增长较为缓慢，其中结构效应与交叉效应对出口额的增长起到促进作用，而竞争力效应起到阻碍作用；这一时期澳大利亚对中国的农产品出口额依然呈现出较快增长，其中结构效应与竞争力效应对出口额的增长起到促进作用，而交叉效应对出口额的增长起到了阻碍作用。

针对以上结论，现提出如下对策建议，以期对中澳农产品贸易的发展提供参考。

1. 发挥中国优势资源，优化中国农产品贸易结构

双边在自然资源禀赋、农业机械化程度、农业科研体系、农业生产方式等方面皆具备差异，中国一直以来都面临着人口数量庞大，耕地水资源紧缺、农业基础设施及支撑体系薄弱、农业生产经营组织化程度低等挑战，随着近些年来中央一号文件、《全国农业现代发展规划（2016—2020年）》系列规划的相继出台，政府对于农业生产提供了更加全面的保障，例如，制定严格的耕地保护制度，加大农业科研投入、创新力量，促进农业生产规模化、标准化、现代化，鼓励农业资源可持续利用与环境保护，利用优势资源发展农业生产优先领域，例如，种植业新品种及其配套农业技术、蔬果花卉及食用菌、淡水养殖及近海养殖等。

根据前文对中澳农产品贸易现状的分析发现，虽然现阶段中国在全世界范

围内具备比较优势的农产品较少,但是多数农产品依然具备较强的出口潜力,例如,水生动物制品、蔬果制品、杂项制品等,因此对于这类农产品的出口,我们应依据比较优势理论,对澳大利亚实行差异化出口战略,积极发展优势产业,例如,蔬果、花卉、食用菌等的生产及加工,淡水养殖业和近海养殖业,以及远洋渔业及水产品的加工,进而促进农业资源的优化配置,以优势产业带动其他产业的发展。

2. 推动农业产业化经营,提高生产管理水平

农业产业化经营是农业发展到一定阶段的结果,主要是以市场为导向,围绕着农业中的重点企业和产品,对各种生产要素进行优化组合,从而达到农业农村经济效益得以增长的目的。推动农业产业化经营同样是提升农产品竞争力的重要组成部分,这样可以将农业的生产、加工、销售等环节统一起来,延长农业产业链,降低生产成本,提高生产管理水平,而且提高农业的产业化经营水平还可以将分散的农户集中起来,最大限度地提高农业组织化程度,提高抵御风险的能力。尤其是中澳双边自2015年签订自贸协定以来,农产品的关税已经在逐步降低甚至取消,这样的情况继续下去,澳大利亚的优质农产品涌入中国,势必会对中国的农产品生产产生巨大冲击,因此进一步提高农业产业化经营水平是十分必要的。另外,推动农业产业化经营,将农业领域世界检疫标准和生产规范引入农业生产中,提高农产品的质量及附加价值,打造国内知名品牌,确保出口产品符合进口国的标准和要求,制定全产业链的可追溯性和质量保障计划,有利于扩大农业对外开放,进而提高农产品竞争力。因此提高农业的产业化经营,加强对涉农部门的职责界定以及相互之间的沟通联系,能够从根本上提高农产品的竞争力。

3. 发展优势领域农产品,提高农产品出口潜力

应依据中国的区域优势,因地制宜地发展特色优势农产品,以市场需求和绿色发展为导向,以区域资源禀赋及产业比较优势为基础,以提高农业农村经济为目的,发展特色农业,打造特色农产品品牌,提高农产品国际竞争力,尤其是随着绿色农业、智慧农业、乡村振兴等农业农村发展新理念的提出,可以结合各区域的优势资源,进一步挖掘绿色农副产品的精深加工,例如,中国东部地区气候以季风性气候为主,适宜种植业、林业与渔业的发展,给中国极具潜力的蔬果、水生制品等农产品的发展提供了良好的资源条件,因此对现有的产业进行转型升级,提高农产品的科技附加值,创新品牌,打造

品牌效应，形成以局部辐射带动全局的发展模式是提高该区域农产品竞争力的重要方法；而中部地区气候湿润，是中国主要的粮食生产区域，虽然在粮食出口方面中国相较于澳大利亚的比较优势极低，但是在保障中国粮食供给方面发挥着重要作用，对于这一区域的发展我们仍需立足国内，在保障国内粮食安全的前提下，对提高作物单产以及创新农业技术发展等方面加大投资力度，进而提高出口潜力；而中国西部地区高温少雨，农业发展主要以灌溉、畜牧为主，这一地区应结合自身资源优势，发展特色农业经济，培育优势农业发展的增长点，进而提高农产品的对外出口。政府在农业优势领域发展方面也应加大政策倾斜以及资金扶持力度，进一步推动"政产研"的有机结合，政府的相关部门要与科研机构、企业、农民开展紧密合作，了解产业需求、解决行业问题；合作社、农业行业协会以及企业、农民同样可以充分表达意见，进而为政策的制定提供决策参考。

4. 提高农业生产管理水平，减小贸易壁垒对出口影响

澳大利亚作为农产品出口大国，极力主张贸易自由化，在市场准入方面也保持着进攻的态势，其国内市场的准入门槛较高。一方面在关税方面，由于澳大利亚农业国际竞争力强，所以澳大利亚的进口关税极低，中国是澳大利亚的第一大农产品出口国，双边自2015年签订自贸协定，2016年澳出口到中国的农产品享受零关税的税目和贸易额占比分别为9.6%和17.2%，且随着自贸协定的进一步实施，澳大利亚享受零关税的税目及贸易额将进一步增长；另一方面在非关税方面，澳大利亚依托其良好的农业资源，建立了高标准的非关税措施，例如，卫生和植物卫生措施（SPS）、技术性贸易壁垒（TBT），这些措施在保障本国农产品的竞争力的同时，能够有效地阻止发展水平较低国家农产品的进入。因此，为提高中国农产品的出口竞争力，中国也应建立农产品的可追溯性和质量保障计划，确保出现的问题产品可追溯至源头，行业协会在此期间也应充分发挥作用，以粮食生产为例，不同粮食生产其生产链的每个环节（生产、运输、储藏、加工、市场营销及市场咨询）都应设有专业研究和咨询机构，这些机构与企业、农户构成专业协会，不同专业协会如小麦协会、大麦协会等整合成谷物行业协会，协会的成立使得市场的每个环节利益相关者不但可以及时获取有价值的海外市场信息，还可获得充分的议价能力。

5. 深化双边贸易合作交流，大力提高国内产业国际竞争力

通过分析可以了解到中国在双方农产品贸易中一直处于贸易逆差一方，所

生产的农产品所具备的比较优势较低，基于此，中国应积极学习澳大利亚成熟的农业生产销售及外贸体系，正视中国的逆差地位，为转变中国的逆差地位做出积极行动。

澳大利亚政府、澳大利亚农业、水和环境部、澳大利亚贸易委员会以及各州政府高度重视贸易促进工作，政府、企业、协会、农民间能够分工明确，有效地推进贸易促进工作的开展，重点是澳大利亚打造了一支优秀的贸易促进人才队伍，具体包括：将大部分雇员派至海外目标市场、在目标市场派驻农业外交官，这些人员的配备可以及时搜集海外农业信息、及时了解海外需求，对国内的农产品生产、加工、销售提供了保障，从而促进了出口。对此，中国也应学习澳大利亚的做法，强化贸易促进队伍建设，设立服务企业出口的职能部门，为农产品的出口提供全方位的咨询；其次，要加强海外的农业信息搜集，派驻农业外交官或农业贸易促进人员至目标市场，搜集海外市场农业信息并及时传送至国内企业，为国内农业企业寻求海外合作伙伴，切实发挥服务作用。

澳大利亚农业出口的相关利益方能够做到既统筹协调，又分工明确，其中外贸部和农水部主要为农业企业解决市场准入问题，澳大利亚贸易促进委员会则为企业进入目标市场提供信息服务及业务帮助，州政府则为本地产品出口创造条件，发挥贸易促进作用，行业组织则将"政产学研"有机结合起来，因此受其启发，中国也应明确涉农部门的职能工作，做到统筹协调与分工明确的有机统一，提高服务效率，尤其是要发挥行业协会的功能，使其在行业标准、市场准入、完善市场监管等方面发挥作用，有效衔接政府、企业、农民。

参考文献

郭佳媛，张雪丹，2017.CNFTA 背景下中国-新西兰农产品产业内贸易研究［J］.龙岩学院学报，35（3）：52-57.

胡佳叶.中国茶叶对欧盟出口贸易动态波动研究［D］.南昌：江西财经大学.

金美丽，2016.中韩农产品贸易竞争性与互补性研究［D］.哈尔滨：东北农业大学.

梁丹辉, 2017.中国与越南农产品贸易特征变化研究 [J].中国食物与营养, 23 (1): 47-50.

卢冬艳, 2014.中澳FTA对两国农产品贸易的影响研究 [D].厦门: 厦门大学.

邵桂兰, 2011.中日水产品产业内贸易与竞争力分析 [J].东岳论丛, 32 (5): 151-156.

孙致陆, 李先德, 2016.中韩FTA背景下中国农产品对韩国出口前景分析 [J].中国农业大学学报 (10): 188-199.

孙笑丹, 2007.国际农产品贸易的动态结构与增长研究 [J]. 北京: 中国农业科学院.

鄢波, 杜军, 刘宇娟, 2017.中国-柬埔寨农产品贸易现状及竞争力分析 [J].广东农业科学, 44 (9): 145-153.

张佳, 2008.基于FTA视角的中国与澳大利亚农产品贸易研究 [D].北京: 中国农业科学院.

张柯, 梁丹辉, 2016.中国与菲律宾农产品贸易特征分析 [J].农业展望 (11): 85-92.

张永良, 侯铁珊, 2007.中国苹果出口竞争力评价及国际比较分析 [J].中国物价 (2): 34-37.

附录 《亚太经合组织面向2030年粮食安全路线图》

地点：新西兰　时间：2021年

建立开放、透明、高效、可持续和有韧性的亚太经济合作组织粮食体系，确保人们始终能够获得充足、安全、负担得起和有营养的粮食，以满足其积极健康生活的饮食需求和食品偏好。

说明

1. 作为亚太经济合作组织经济体，我们认识到一个运转良好的粮食体系对人民的健康和福祉以及我们经济的成功至关重要。

2. 作为一个整体，我们致力于相互帮助实现粮食安全；提高我们的生产力和经济发展水平；减少我们对环境的影响，并包括我们所有的人，不分性别、种族或年龄。

3. 2020年，亚太经济合作组织经济领导人批准了《2040年普特拉贾亚愿景》，承诺到2040年建立一个开放、充满活力、和平的亚太共同体，实现全体人民和子孙后代的繁荣。迈向《亚太经合组织面向2030年粮食安全路线图》将与《布特拉贾亚愿景》保持一致，促进各成员之间的合作，以创造一个持续和有弹性的后疫情时代的恢复环境。

《亚太经合组织面向2030年食物安全路线图》

4. 2030年路线图的原则是建立在亚太经济合作组织的粮食安全工作之上的，包括负责粮食安全的部长们最初在2010年发表的《新潟宣言》和《亚太经合组织面向2020年粮食安全路线图》。APEC粮食安全政策伙伴关系机制（PPFS）与ABAC合作，与亚太经济合作组织的论坛和分论坛合作，领导亚太经济合作组织的粮食安全工作。亚太经济合作组织认识到，需要在农业食品价值链上采取整体系统方法,所有领域都是相互依存的,需要在 2030 年路线图框架下和关键行动领域中共同实现粮食安全。

5. 为此,PPFS 将继续加强与所有相关的亚太经济合作组织分论坛的协调和合作,按照亚太经济合作组织的跨论坛合作准则,实现亚太经济合作组织在该地区的粮食安全工作目标。

6. 《亚太经合组织面向 2030 年粮食安全路线图》并不打算代表亚太经济合作组织地区到 2030 年实现粮食安全的所有必要行动。我们所有人都活跃在不同的国家和国际组织中涉及的粮食系统。2030 年路线图代表了我们认为亚太经济合作组织处于独特地位的行动,以促进我们个别经济体的目标和我们区域的集体成功。

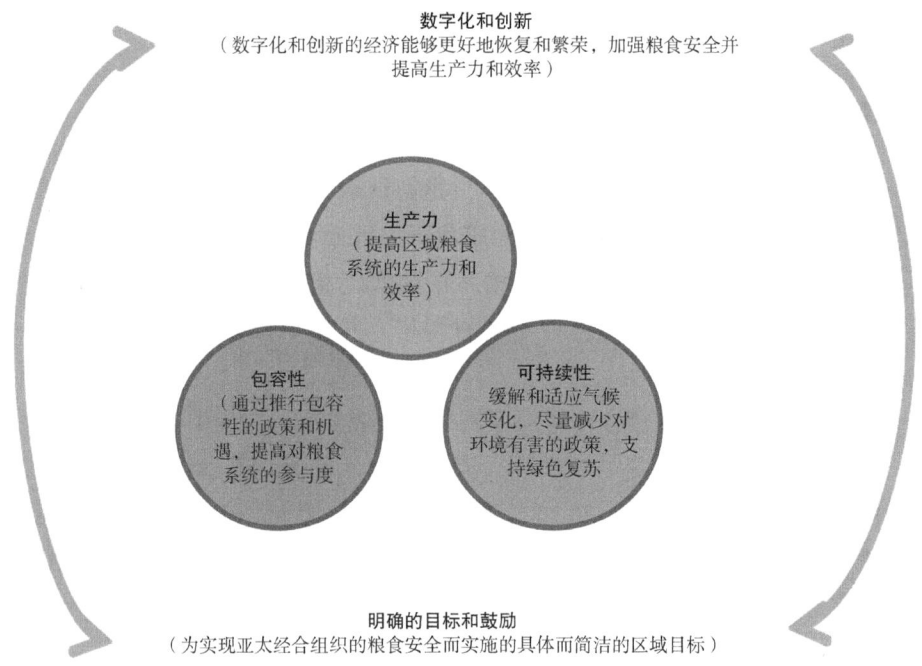

A-1 公私合营促进粮食安全

(利用公共和私营部门的伙伴关系,实现亚太经合组织地区的粮食保障)

数字化和创新

7. COVID-19 大流行病加速了数字转型,凸显了创新的数字经济有能力更好地恢复和繁荣。此外,数字化和其他创新技术有可能通过以下方式改变粮食系统并加强粮食安全。

a. 提高生产力和效率。

b. 尽量减少粮食损失和浪费。

c. 缓解和适应气候变化。

d. 降低成本,促进粮食贸易。

8. 为进一步推进数字化和创新工作,各经济体已承诺使亚太经济合作组织地区成为粮食系统采用创新和互操作性的世界领导者,包括通过建立粮食安全数字计划,其中将包括以下行动。

a. 到 2022 年底,评估亚太经济合作组织其他论坛和分论坛的现有工作,促进更广泛地采用食品和农产品全球数据标准和其他可互操作的数字技术,以加强生产相关技术、供应链可追溯性、可获得的创新金融技术和可互操作的数字文件,包括用于贸易;并确定应优先开展进一步工作的领域,以通过食品价值链实现全区域的互操作性,到 2025 年对进展进行审查。

b. 确定并积极鼓励政府计划,提供获得和促进引进创新产品和技术的机会,包括支持新兴技术的研究和开发,如智能农业,并分享其他经济体和国际机构采取的成功方法的经验。

c. 通过必要的投资和结构改革,促进和鼓励在服务不足的地区提高宽带数字基础设施的使用水平。

d. 各经济体提供并举办培训课程和/或讲习班,以提高与粮食系统有关的数字素养和服务不足的社区的能力,在可能的情况下利用现有计划。

e. 从 2022 年起,通过 APIP 数据库①,自愿分享食品供应链数字化和创新方面的信息和最佳做法。

f. 促进公私投资,推动整个食品价值链使用创新技术,包括那些能提高效率和可持续性的技术,并增加对微型、小型和中型企业的投资,包括农业食品和渔业部门的初创企业和小规模生产商。

g. 通过加强政府机构、企业和专注于收获后管理和技术的机构之间的交流与合作,使粮食储存设施和物流能力现代化。

---

① 亚太地区粮食安全信息平台。

生产力

9. 为了在亚太经济合作组织地区创造包容性和可持续的增长，必须提高区域粮食系统的生产力和效率。

10. PPFS 承认其他国际论坛（包括亚太经济合作组织的其他论坛）的工作，这些论坛的工作解决了供应链的障碍和扭曲，并改善了国内和国际市场的准入；特别是这些工作提高了农业食品和渔业部门小规模生产者的生产力和收入，并减轻了贫困、饥饿和营养不良。

11. 我们认识到，国际农业食品贸易对于实现全球粮食安全和确保充足营养至关重要。我们还认识到，避免粮食供应链的中断对于确保稳定的粮食供应至关重要。我们强调以世界贸易组织规则为基础的开放、透明、可预测和非歧视性的多边贸易体系的重要性，以提高市场的可预测性，增加商业信心，并允许农业食品贸易流动，以促进粮食安全和营养。

12. 然而，PPFS 和其他相关的 APEC 论坛和次级论坛将采取一些行动来解决生产力问题，包括但不限于以下行动。

a. 各成员经济体应该探索实施一些制度的最佳范例，确保易腐烂货物能够及时通过国际边界，这将减少食品损失和浪费，并消除企业的额外成本。

b. 通过分享商业建立和发展贷款计划（包括投资和电子支付）的信息和成功案例，促进更大程度的农业食品金融普惠；并在 2022 年底前对普惠金融的现有障碍进行评估。

c. 认识到粮食贸易标准的一致性对粮食安全的积极影响，成员经济体将评估通过实施商定的基于科学的国际标准、准则和建议来提高粮食安全的最佳实践案例研究。

d. 根据茂物目标和亚太经济合作组织《2040 年亚太经合组织布特拉加亚愿景》，对食品系统的进展情况进行审查，包括在货物、服务和投资方面。

e. 确定提高农业、粮食和渔业部门中小微企业和小规模生产者生产力的战略，并分享经验和教训。

f. 与粮食系统中的私营部门行为者密切合作，确定阻碍在饥饿和营养不良问题上取得进展的政策障碍，特别关注：

● 消除一切形式的营养不良，特别是减少 5 岁以下儿童的发育迟缓和消瘦。

● 提高小规模粮食生产者的生产力和改善生计，特别是在亚太经济合作组织在维护生态系统和改善土地和土壤质量的系统方面具有比较优势的地区。
● 增加进入国内和国际市场的机会。
● 减少粮食损失和浪费。

包容性

13. 一个运作良好的粮食体系以及将中小微企业、妇女、青年、原住民社区和老年人纳入该部门，对于最大限度地利用我们的资源，改善农村、偏远和沿海地区的生计，并充分释放亚太经济合作组织区域的潜力至关重要。

14. 我们致力于包容性，除采取以下行动外，我们还承诺通过鼓励均衡参与所有 PPFS 会议、研讨会、概念说明和相关 APEC 文件以及小组讨论和论坛来促进多样性。

a. 在 PPFS 工作中实施《拉塞雷纳妇女和包容性增长路线图（2019—2030）》。

b. 各经济体分享知识和经验，并就亚太经济合作组织如何在亚太经济合作组织粮食体系内挖掘包括原住民在内的不同群体的经济潜力向亚太经济合作组织粮食安全计划提出建议。

c. 提供对话机会，提高经济知识对阻碍青年参与粮食系统的障碍的认识，并促进整个亚太经济合作组织地区的青年、专家和政策制定者集体学习的能力。

d. 通过分享有关企业建立和发展的贷款计划的信息和成功经验，包括投资和电子支付，促进农业食品金融的进一步包容；并在 2022 年底前对金融包容的现有障碍进行评估。

可持续性

15. 可持续发展必须成为粮食系统合作和整体方法的核心。我们承诺共同努力，将食品系统对环境的有害影响降到最低。

16. 虽然我们是一个多元化的经济体集团，但我们共同致力于改善亚太经济合作组织粮食体系的环境绩效，包括分享研究和实际战略，以减少温室气体排放；适应气候变化；提高可持续生产（优化资源利用和保护土地和水源）、加工和消费以及减少粮食损失和浪费。

17. 为协助各经济体实现各自的可持续发展目标，各经济体承诺采取以下行动。

a. 促进信息共享，在持续自愿的基础上利用发展/最佳实践，以解决生物多样性和自然资源枯竭、土壤利用和水源/供应问题。

b. 相互支持，改善粮食系统温室气体排放清单。

c. 分享关于鼓励对环境友好、自然积极和可持续粮食生产、加工和分销负责任投资的最佳做法。

d. 认识到有必要在粮食体系中促进环保和最低限度地减少贸易和生产扭曲的激励措施，我们同意——包括利用相关国际组织的工作——确定和推广粮食部门的政策方法，以降低资源压力和环境影响，同时不扭曲市场。

e. 提供能力建设和最佳实践分享研讨会，支持成员经济体单独和集体努力采用并符合联合国可持续发展目标12.3"到2030年，将全球零售和消费层面的人均粮食浪费减少一半，并减少生产和供应链上的粮食损失，包括收获后的损失"，并根据每个经济体的各自情况制定具体指标，如用联合国粮农组织粮食浪费指数（FWI）或其他适当指数衡量。且促进对基础设施和冷链的公共和私人投资，以降低目前的粮食损失和浪费水平，并在2025年前审查这一领域的进展。

公私合作关系

18. 亚太经济合作组织成员经济体致力于与私营部门合作，在ABAC的领导下，塑造和加强亚太经济合作组织食品系统的运作，认识到私营部门在整个食品价值链中对食品生产和加工、分销、贸易和投资的核心作用，并承诺采取以下行动。

a. 促进每个经济体的公共和私营部门之间的定期对话，就如何加强食品部门的商业环境向PPFS提出建议。

b. 审查PPFS的运作和职权范围，以确保与ABAC和更广泛的私营部门建立有意义的伙伴关系，更好地反映私营部门的优先事项和利益，并寻求优化其参与。

面向2030年的SMART目标和粮食安全路线图的实施

19. 《亚太经合组织面向2030年粮食安全路线图》为亚太经济合作组织

区域内所有人提供可获取、可获得、有营养和充足的粮食提供了途径。并考虑已确定的具体、可衡量、可实现、相关和基于时间的（SMART）目标。为实现这一目标，各经济体已承诺：

a. 在 2022 年初举办研讨会，以促进从 2030 年路线图向实施计划的过渡，包括就每一项确定的行动制定具体的"下一步骤"。

b. 对于每个行动领域，在 2022 年制订一项实施计划，确定成员经济体为实现《亚太经合组织面向 2030 年粮食安全路线图》可采取的具体自愿行动或举措，同时反映出将为食品部门的生产者和企业实现最有意义的结果的优先次序。

c. 审查 2025 年的行动（和进展）和 2030 年的路线图。